직장인
연금저축으로
1억 모으기

연금저축, IRP, ISA
절세삼총사와 ETF를 활용한
연금부자 시크릿

직장인 연금저축으로 1억 모으기

미즈쑤 지음

푸른향기
Prunbook Publishing Co.

1억을 모으고 싶었다

최근에 뉴스를 보면 연금 부자들의 이야기가 많아졌다. 그만큼 연금에 대한 사람들의 관심이 커졌다는 의미인 것 같다. 신문에 나온 기사를 읽으면서 가장 많이 드는 생각은 '부럽다', '나는 언제나…'와 같은 상대적 박탈감이다.

3억, 5억, 10억 같은 숫자들을 보면 1억이라는 숫자는 정말 하찮을 만큼 작게 느껴진다. 마음만 먹으면 1억쯤은 쉽게 모을 수 있을 것 같기도 하다. 1억이라…1억….

처음 연말정산 세액공제 혜택을 받기 위해 IRP 계좌를 개설했다. 그 당시에는 연말정산이 목적이었기 때문에 당해 연도 한도를 채우기에 급급했다. 한도를 채우고 세제 혜택을 받아보니 생각했던 것보다 짜릿했다. 공돈 생기는 느낌이었다. 그래서 무슨 일이 있어도 한도를 채워야겠다고 결심했다.

어느 날 이런저런 잡다한 생각을 하는 와중에 이런 생각이 들었다. 내가 직장인으로 연말정산 혜택을 받을 수 있는 기간이 얼마나 될까. 내가 직장생활을 최대 30년 동안 한다고 가정해도 이미 반 이상이 흘러간 상태였다.

연말정산 세액공제 한도 금액은 2023년부터 900만 원으로 증가했다. 2022년까지 50세 미만은 한도가 700만 원까지였다. 만약 700만 원 세액공제 한도만큼 적립해서 1억을 모으려면 14.3년이 걸린다. 900만 원으로 계산해 보면 11.1년이 나온다. 매년 900만 원의 한도를 채우려면 매월 75만 원씩 연금 계좌에 불입해야 한다.

900만 원 한도를 채우면 총급여가 5,500만 원 미만인 사람의 경우 최대 1,485,000원(근로소득만 있는 경우)을 돌려받게 된다. 12개월로 나눠보면 매월 123,750원이다. 즉, 매월 75만 원을 저축하면 123,740원을 돌려받는 것이다.

이렇게 계산해 보니 결과적으로 무조건 활용해야 하는 제도였다. 내가 어떤 투자를 해도 아무런 리스크 없이 매월 16.5%의 이익을 얻을 자신은 없었기 때문이다.

그러다 연금저축 납입한도인 1,800만 원이 눈에 들어왔다. 세액공제는 900만 원까지만 받을 수 있지만, 나머지 900만 원도 과세 이연(세금 납부를 연기해 주는 제도) 되기 때문에 꼭 활용해야 하는 세제 혜택이었다.

"나라에서 한도가 주어지는 상품은 다 이유가 있고 무조건 그 한도를 먼저 채워야 한다"는 존리 대표의 말이 생각났다. 나도 채우고 싶다는 욕심이 생겼다.

매년 연금저축 1,800만 원을 채우려면 매월 150만 원씩 불입해야 한다. 연금저축은 연금 수령 연령이 만 55세 이상이다. 매월 150만 원을 55세까지 묶어두기엔 불안하다. 그전에 급한 일이 생길 수도 있으니까.

그러다 나중에 알게 됐다. 연금저축계좌에 매년 1,800만 원을 불입한다고 해서 55세까지 인출하지 못하는 것이 아니었다. 연금저축계좌는 해지 없이 자유롭게 중도 인출이 가능한 계좌였다. 그걸 알고 나니 어떻게든 1,800만 원을 채우고 싶어졌다.

150만 원은 정말 큰돈이다. 이 큰돈을 매월 연금저축에 불입하려면 허리띠를 조르고 또 졸라야 한다. 개미허리가 될 정도로 허리띠를 졸라도 매월 150만 원을 불입해서 1년에 1,800만 원을 채우기는 쉽지 않다. 1년에 1,800만 원은 이렇게 채우기가 힘들다.

1년에 1,800만 원 채우기도 힘들지만 이걸 10년 동안 하면 1억 8천만 원이 된다. 20년을 모아도 3억 6천만 원이다. 희한하게 불입할 때 1,800만 원은 너무 큰 돈인 것 같은데, 수령할 때 1억 8천만 원은 작은 돈으로 느껴진다. 마음이 급해졌다. 이미 나는 늦었다는 생각이 들었다. 지금부터 매년 1,800만 원씩 모아도 1억을 모으려면 6년이 걸린다.

연금저축으로 1억이 되려면 매월 50만 원씩 17년, 100만 원씩 9년, 150만 원씩 6년을 불입해야 한다. 그런데 만약 첫 직장에 취직했을 때부터 불입한다면 매월 28만 원이면 된다. 앞으로 30년은 직장을 더 다닐 수 있을 테니까.

두서없는 생각이었지만, 결론은 역시 하나다. 연금저축으로 1억이 되려면 최소 6년은 걸린다는 것. 그렇기에 일단 하루라도 빨리 가입해야 한다는 것. 그렇지 않으면 나이가 들수록 부담이 커진다는 것이다. 나처럼.

연금저축은 직장인들이 마음 편한 투자를 할 수 있는 좋은 제도이다. 매년 16.5%라는 세액공제를 통해 확정된 수익을 안겨주고(근로소득 5,500만 원 미만인 경우), 강제적으로 장기투자를 할 수 있도록 제도적인 장치가 마련되어 있기 때문이다. 과거엔 연금저축으로 투자할 수 있는 상품이 제한적이었지만, 지금은 하루가 멀다고 상장되는 수많은 ETF를 비롯하여 펀드, TDF, 리츠 등 투자할 수 있는 상품 선택의 폭이 아주 넓다.

이 책은 내가 처음 연말정산 세액공제를 받기 시작했던 8년 전 이야기를 시작으로 1억을 모으기까지의 여정을 담고 있다. 실제 내가 겪었던 경험을 바탕으로 어렵고 복잡할 수 있는 세제 혜택 이야기를 최대한 쉽고 흥미롭게 전달하기 위해 노력했다. 이 책을 통해 연금저축을 왜 가입해야 하는지, 어떤 혜택을 누릴 수 있는지, 어떻게 활용해야 할지 깨닫게 될 것이다.

그 깨달음을 바탕으로 연금저축계좌를 개설하고 나만의 마음 편한 노후 준비를 시작해 보길 바란다. 그렇게 딱 1억만 모으다 보면 달라지는 인생을 실감할 수 있을 것이다.

이 책이 당신의 행복한 노후를 위한 첫걸음이 되길 바란다.

목차

1장   1억을 꼭 모아야 할까?

2장 IRP에 가입하다

3장 연금저축은 증권사에서

4장 노후 자금은 중개형 ISA로

5장 이제는 3억이다

연금저축 주요 용어 알고 가기

금융문맹 : 금융을 이해하는 능력이 부족한 사람

과세이연 : 세금 납부를 연기해 주는 제도

리밸런싱(Rebanlancing) : 운용하는 자산의 비중을 재조정하는 일

연금저축 : 연간 600만 원까지 세제 혜택을 받을 수 있는 연금 상품

현물이전제도 : 운용 중이던 상품을 매각하지 않고 운용 상품 그대로 이전하는 제도

CMA(Cash Management Account) : 증권회사가 고객 대신 금융자산에 투자하여 그 수익을 고객에게 돌려주는 금융상품, 일정 수수료를 받으며 입출금계좌로 사용 가능한 계좌

DB형(Defined Benefit) : 퇴직연금 적립금을 사용자(회사)가 운용하고 근로자는 사전 확정된 퇴직급여를 수령하는 제도

DC형(Defined Contribution) : 퇴직연금 적립금을 근로자가 운용하고 퇴직 시 적립금과 운용손익을 최종 급여 수령하는 제도

ETF(Exchange Traded Fund) : 인덱스펀드를 일반 주식처럼 거래할 수 있

도록 거래소에 상장한 상품

S&P 500 : 미국의 신용평가회사 스탠더드 앤드 푸어스에서 개발한 미국의 주가지수

SPY : 미국 주식시장의 대표 지수 S&P 500을 추종하는 ETF

IRP(Individual Retirement Pension) : 퇴직연금 개인 납부분으로 연간 900만 원(연금저축 600만 원 포함)까지 세제 혜택을 받을 수 있는 연금 상품

ISA(Individual Savings Account) : 개인종합자산관리계좌로 5년간 최대 1억까지 세제 혜택을 받을 수 있는 계좌

ISA 중개형 : 예·적금과 주식·채권·펀드·상장지수펀드(ETF)는 물론, 리츠(REITs), 주가연계증권(ELS) 같은 파생 상품까지 모두 담아서 관리할 수 있는 계좌

TDF(Target Date Fund) : 투자자의 은퇴 목표 시점으로 해서 생애주기에 따라 포트폴리오를 알아서 조정하는 자산배분펀드

3층 연금 구조 : 국민연금, 퇴직연금, 개인연금으로 노후소득 보장체계의 안정성을 지탱하는 것

401(K) 플랜 : 미국의 가장 대표적인 DC형 퇴직연금

1억을 모으며 깨달았다.

노후 준비라는 길고 지루한 여정을 완주하기 위해서는

느리더라도 안정적인 수익률과 마음 편한 투자를 해야 한다.

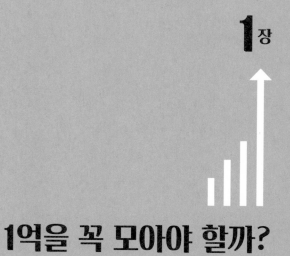

1장

1억을 꼭 모아야 할까?

수익률 30%? 그런데 수익금이 겨우 72만 원이네?

　마흔이 되던 해에 직장을 다니면서 미국 회계사 시험을 준비했다. 낮에는 회사에 다니고 밤에는 학원에 다니는 직장인 수험생의 삶이 시작됐다. 회계사 시험을 준비하면 선생님들이 학생들에게 주식투자를 해보라고 권유한다. 나는 20대 후반에도 회계사 시험을 준비하면서 이런 얘기를 들었었다. 물론 주식을 매수하겠다는 생각은 해본 적도 없었다. 그런데 나이가 들어서 같은 얘기를 들으니 '나도 주식 한번 해볼까?'라는 호기심이 생겼다.

2018년 10월, 생애 첫 주식을 매수했다. 그전까지 주식은 나와는 거리가 먼, 다른 세상 사람들의 이야기로만 생각했다. 일단 500만 원으로 주식을 해보라며 수업료라고 생각하라는 사람들이 있었다. 그 얘기를 들은 후로는 더욱더 주식의 '주'자도 생각하지 않게 되었다. 500만 원도 당연히 없었지만, 500만 원이라는 큰돈을 수업료라고 생각하고 잃을 수도 있다는 마인드로 전쟁터에 뛰어들 듯 주식 시장에 뛰어들 수는 없었다.

내가 직접 경험해 보진 않았지만, 주위에서 가장 흔하게 들은 이야기는 1,000만 원으로 시작했는데 원금이 거의 남지 않았다, 다시는 주식에 투자하나 봐라 하는 식의 부정적인 이야기였다. 그런 얘기들을 들으며 막연하게 '만약 내가 언젠가 주식을 하게 되면, 나는 적금들 듯 주식을 매수해야겠다'고 생각했다. 그 당시만 해도 적립식 매수라는 개념이 많지 않을 때였는데, 지인들의 경험이나 읽었던 재테크 책의 영향으로 그런 생각을 하게 된 것 같다.

약간은 충동적으로 증권사 앱에 접속했다. 평소 CMA 계좌를 입출금 통장으로 사용하고 있었는데, 거기에서 바로 주식을 매수할 수 있다는 걸 몰랐다. 주식을 어떻게 매수하는 거냐 하고 물으니, 지인이 친절하게 검색창에서 종목을 검색한 뒤 매수하면 된다는 걸 알려줬다. 그렇게 삼성전자 2주를 매수했다.

그때부터 매달 20만 원에서 30만 원 정도 적금들 듯 삼성전자 주식을 매수했다. 차트를 본다거나 타이밍 같은 개념은 알지 못했기 때문에, 매월 월급날 기계적으로 정해진 금액만큼 매수만 했다. 주가를 볼 줄도 몰랐지만, 볼 시간도 없었기에 한 달에 한 번씩 CMA 계좌에 들어가서 간단히 매수만 하고 나오기를 반복했다.

처음 매수했던 2018년 10월엔 삼성전자 주가가 43,000원 정도였다. 20만 원으로 4~5주를 매수할 수 있었다. 그런데 주가가 조금씩 내려가더니 38,500원이 됐다. 그때는 20만 원으로 5~6주를 매수했다. 누가 알려준 것도 아니었는데, 뭔가 싸다(?)는 생각에 월 중에도 한 번씩 2~3주 정도를 간간이 매수했다.

그렇게 8개월쯤 지나던 어느 날이었다. 직원들과 점심을 먹으며 이런저런 얘기를 하다가 삼성전자 주가가 오르고 있다는 얘기가 나왔다. 이제라도 들어가야 하나 말아야 하나라며 대화는 본격적으로 삼성전자 주가 얘기로 흘러갔다. 대화 도중에 궁금해서 증권사 앱에 접속했다. 처음으로 제대로 본 나의 주식계좌였다. '매수 금액, 평가금액, 수익률, 수익금….' 자세히 보니 30%의 수익이 나고 있었다. 빨간색으로 표시된 평가 수익의 금액은 72만 원 정도였다.

현실감각이 없어서 그랬는지, 금액이 많지 않아서 그랬는지 모르겠지만, 30%의 수익률에 72만 원이라는 금액에 별 감흥이 없었다. 주가를 확인하면서 동료들에게 말했다.

"나 지금 확인해 보니까 삼성전자 주식 30% 수익 났어."

동료들의 반응은 뜨거웠다.

"30%? 수익이 30%나 났다고? 와 대박이다. 주식으로 수익 나는 사람도 있구나."

듣고 보니 맞는 말인 것 같기도 했다. 나 역시도 주위에서 주식투자로 돈 벌었다는 사람들 얘기는 딱히 들어본 적이 없었다.

"하긴 생각해 보니까 나도 주식으로 돈 벌었다는 사람을 딱히 본 적이 없네. 그런데 뭐 워낙 소액이라. 30%라 봐야 72만 원밖에 안 돼. 0이라도 하나 더 붙으면 몰라도…."

순간 뇌리에 번쩍하는 자극이 느껴졌다. '0이라도 하나 더 붙으면 몰라도….' 별생각 없이 던진 말에 현실감각이 살아났다. 72만 원에 0이 하나 더 붙으면 720만 원이다. 72

만 원은 별거 아닌 금액처럼 느껴지지만, 720만 원은 더 이상 별거 아닌 금액이 아니었다. 갑자기 심장이 두근거리기 시작했다.

그때부터 본격적으로 삼성전자 주식을 매수하기 시작했다. 72만 원이 720만 원이 될 수도 있었다고 생각하면서 빨리 2,400만 원어치 주식을 매수하고 싶었다. 10만 원, 20만 원 여윳돈이 생길 때마다 삼성전자 주식을 모아가던 어느 날, 뉴스에서 10만 전자 기사가 나오기 시작했다. 너도나도 삼성전자 주식 얘기뿐이었다. 도대체 주가가 얼마나 올랐길래 다들 이 난리인가 싶어 주식계좌를 확인해 봤다. +88%. 순간 내 눈을 의심했다. 평단이 47,000원이었던 나의 수익률은 무려 +88%를 기록하고 있었다. 나도 모르게 순간 '어머'라고 소리를 지를 뻔하다가 양손으로 입을 틀어막았다. 그때는 업무시간이었고 사무실은 아주 조용했기 때문이었다. 나는 휴대폰을 들고 내 팀원이었던 정 과장에게 달려가 흥분된 목소리로 숨죽여 얘기했다.

"정 과장, 이것 봐. 나 삼성전자 주식 있잖아. +88% 수익 났어. 대박!!!"

정 과장은 덩달아 놀라며 "우와, 우와"를 반복했다.

나는 지금도 그 순간의 흥분을 잊을 수가 없다. 나는 군중심리와 한 몸이 되어 삼성전자는 곧 십만 전자가 된다는 확신에 가득 찼다. 더 오르기 전에 무조건 삼성전자 주식을 사야 한다는 생각뿐이었다. 그러던 찰나 회사에서 인센티브가 지급됐다. 삼성전자 주가가 8만 8천 원을 넘어가던 그때 나는 일말의 의심 없이 그동안 투자했던 금액보다 더 많은 돈을 한방에, 삼성전자에 올인했다. 그리고 그 이후, 말하지 않아도 누구나 다 아는 그런 스토리의 주인공 중 한 사람이 됐다.

그 사건 이후로 돈이 생길 때마다 이런저런 국내 주식을 매수했다 매도하기를 반복했다. 수익을 보기도 했지만, 손실도 보면서 결과적으로 수익도 손실도 아닌 그런 상태로 몇 년이 흘러갔다. 시간이 흐를수록 주식 창을 열어보는 횟수가 잦아졌고, 누가 수익이 났다는 얘기를 들으면 따라서 몇 주씩 사보기도 했다. 나는 점점 주식을 모아가는 사람이 아닌 주식으로 돈을 벌려는 사람이 되어가고 있었다.

그 무렵 내 나이는 이미 마흔을 넘어가고 있었다. 마음 한편에 노후에 대한 막연한 불안감과 두려움이 자리 잡고 있었다. 이렇다 할 대비도 없이 노후라는 단어는 나에게

성큼성큼 다가오고 있었다. 연금저축 상품의 연금을 개시할 수 있는 55세라는 나이는 30대의 나에게는 오지 않을 나이처럼 느껴졌다. 하지만 마흔이 넘은 지금은 10년 정도만 지나면 연금을 수령할 수 있는 나이가 됐다는 현실을 깨달았다. 마음이 조급해지기 시작했다.

하지만 마음이 조급하다고 현실의 삶이 달라지는 것은 아니었다. 조급한 마음과 반대로 나의 현실은 한국 주식시장에서 개별주식을 하며 이렇다 할 소득 없이 스트레스와 피로감만 쌓여가고 있었다. 돈이 생길 때마다 투자한다고는 하는데 수익은 늘 제자리였고, 마음만 점점 더 초조해졌다. 그러다 ETF라는 상품을 알게 됐다.

내 노후 준비는 'ETF' 너로 정했다

　ETF는 'Exchange Traded Fund'의 약자로 인덱스펀드를 일반 주식처럼 거래할 수 있도록 거래소에 상장한 상품이다. 최초의 ETF는 1993년 처음 등장한 S&P 500 지수를 추종하는 SPY라는 상품으로 스탠더드 앤드 푸어가 선정한 미국 보통주 500종목의 주가지수를 따라 투자하는 상품이다.

　과거에는 자산운용사에서 기업을 묶어 투자하는 펀드

상품을 주로 판매했다. 펀드는 투자자로부터 모은 자금을 자산운용회사가 주식 및 채권 등에 투자운용한 후 그 결과를 돌려주는 간접 투자상품이다. 이런 상품은 펀드매니저가 운용하기 때문에 개인투자자가 그때그때 직접 사고팔수 없었다. 그뿐만 아니라 주기적으로 보내주는 운용보고서에는 투자처나 수익률 등의 현재 실적이 아닌 과거 실적만 담겨 있었다. 빠르게 거래하고 싶거나 다른 사람의 간섭을 받고 싶지 않은 투자자에게는 어울리지 않는 상품이었다. 이런 단점을 개선한 상품이 바로 ETF이다. 펀드를 상장시켜서 주식처럼 투자자가 직접 매매할 수 있으며 펀드매니저를 통해 거래하지 않기 때문에 수수료 또한 저렴하다.

개별주식을 투자하게 되면 내가 투자하고 있는 몇 개 회사의 리스크를 온전히 떠안아야 한다. 수익이 나면 좋겠지만 수익의 기쁨보다 더 큰 손실의 슬픔이 늘 도사리고 있다. 하지만 ETF는 다르다.

미국 주식시장의 대표 지수 S&P 500을 추종하는 ETF에 투자한다고 가정해 보자. S&P 500 ETF는 미국에 상장된 500개 우량기업에 투자하는 상품이다. 이 기업들은 정보기술, 반도체, 금융, 헬스케어, 소비재 등 다양한 분야에 분포돼 있다. 따라서 속된 말로 500개 기업 중 하나가 망해도 ETF 자체가 망하지 않는다. 어떤 한 기업이 망한다면 500분의 1 정도의 충격만 받을 뿐이다. 만약 한 개의 기업이 망하면 그다음 대기하고 있던 501번째 기업이 자동으로 편입되며 새로운 500개 기업이 완성된다.

이 모든 작업은 투자자 개인이 직접 하는 것이 아니라 ETF를 운용하고 있는 운용사에서 한다. 투자자는 투자할 상품을 선택하기만 하면 된다. 그 대신 수수료 개념의 보수를 약간 지급하면 되는데 총보수는 스마트폰 요금처럼 날일로 계산해 평가금액에 포함된다. 현존하는 국내 상장 ETF 중 최저 보수는 0.0062%로 Kodex 미국대표지수 2종 상품(2025년 2월 9일자 기준)이다. 0.0062%의 보수는 우리의 소중한 시간과 감정을 지켜주는 비용이라고 생각하면 충분히 감수할 만한 대가이다.

호기심에 몇 개의 ETF 상품을 골라서 투자했다. 처음엔 멋모르고 이것저것 투자를 하다가 점점 상품에 대해 알아보게 되고, 구성 종목까지 들여다보게 됐다. 나는 개별 주식으로 삼성전자에 이미 투자하고 있었는데, ETF 상품 중에도 삼성전자가 가장 높은 비율로 구성된 상품이 있었다. 그럼 나는 개별주식과 ETF에 분산투자를 한다고 생각했는데, 결국 분산투자가 아니라 여전히 삼성전자의 주가 등락에 크게 좌우되는 투자를 하고 있었던 셈이었다. 그때부터 전체적인 나만의 포트폴리오를 구성하기 시작했다.

ETF 한 종목의 포트폴리오에 적게는 10개에서 많게는 수천 개 기업이 포함돼 있다. 이런 ETF로 투자 포트폴리오를 구성하면 그만큼 분산투자 효과를 누릴 수 있어 원금을 잃지 않는 투자를 할 수 있다는 걸 알게 됐다. 그 뒤 삼성전자 한 종목에 개별 주식으로 올인하는 대신 삼성전자가 담긴 ETF에 투자하고, 한국 시장을 넘어 미국 시장에도 쉽게 투자할 수 있었다.

우리나라 투자자들도 ETF에 주목하고 있다. 최근 몇 년간 주식투자에 관한 관심이 높아지면서 ETF 투자자가 계속 증가하는 추세다. 금융투자협회 등에 따르면 2002년 처음 형성될 당시만 해도 종목 수 4개, 순자산총액 3,444억 원에 그쳤던 국내 ETF 시장은 2023년 6월 29일 처음 100조 원을 돌파한 이후 2~3개월 단위로 10조 원씩 규모가 확대되며 2025년 1월 21일 기준 181조 1,511억 원을 기록했다.

ETF의 장점을 네 가지로 정리해 보면 다음과 같다.

1. 1% 미만으로 보수가 낮다.
2. 적은 금액으로 분산투자 효과를 누릴 수 있다.
3. 구성 종목 내역이 투명하게 매일 공개된다.
4. 주식처럼 실시간 거래를 통해 매매 가능하다.

일반계좌에서 ETF 투자를 시작하면서 개별종목 하나에 전전긍긍하며 스트레스받는 투자에서 벗어나 마음 편한 투자를 하게 됐다. 분명 전보다 투자금은 더 많아졌는데, 주식시장의 등락에 상관없이 내 본업과 일상에 더욱 집중할 수 있었다. 이렇게 투자하면 큰 스트레스 없이 장기적으로 오랫동안 투자를 계속하며 노후 준비를 할 수 있겠다고 생각했다.

그러다 어차피 개별주식을 하지 않을 바에야 굳이 일반계좌에 투자할 필요가 없다는 걸 깨달았다. 연말정산 세액공제 목적으로 개설해 둔 연금저축계좌에서도 ETF에 투자할 수 있었기 때문이다. 연금저축의 숨겨진 기능까지 알게 되면서 나는 일반계좌가 아닌 연금저축계좌를 적극적으로 활용하기 시작했다. 그리고 매년 주어진 한도를 채우고 절세계좌의 혜택까지 누리며 단기간에 연금저축 1억을 모으는 데 성공했다.

1억을 모으며 깨달았다. 장기적으로 돈을 모으는 데 있어서 가장 중요한 것은 단기간의 높은 수익률이 아니었다. 노후 준비라는 길고 지루한 여정을 완주하기 위해서는 느리더라도 안정적인 수익률과 더불어 꾸준히 자산이 불어나는 마음 편한 투자를 해야 한다. ETF는 막연한 불안감과 조급함을 내려놓고 마음 편한 투자를 할 수 있는 좋은 투자 수단이다.

부자처럼 보이려고 하지 말고, 진짜 부자가 되자

"1년에 한 번 해외로 가족여행 가는 거 괜찮은 것 같아."

"그러게요. 저도 그 생각 했는데. 저는 아이와 단둘이 해외여행 가려고요."

옆자리 차장님이 일 년에 한 번은 해외로 가족여행을 가고 싶다고 얘기했다. 그에 질세라 나도 같은 생각을 했다며 맞장구를 쳤다. 지고 싶지 않았기 때문이었다.

30대 초반까지만 해도 나는 말로 자존심을 세우는 사람이었다. 특히 누군가 나보다 더 잘 사는 것처럼 느껴지면 더욱 그랬다. 말 한마디 한마디 지지 않으려고 에너지를 쏟았다. 상대방은 별 의미 없이 하는 말이었다. 그저 본인의 희망 사항을 말한 것뿐이었다. 그런데 그 얘기를 듣는 순간 나는 즉석에서 이미 해외여행을 계획한 사람이 되었다.

내가 내뱉은 말을 지키기라도 하려는 듯, 그해에 나는 큰아이를 데리고 단둘이 일본으로 여행을 갔다. 큰아이가 여섯 살이었다. 내가 직장 다니면서 아이와 일 년에 한 번 해외여행 가는 것쯤이야. 그 정도 보상은 있어도 된다고 생각했다. 아이에게 교육적인 목적이 있다며 합리화하기도 했다. 그렇게 아이와 8박 9일의 일본 여행을 떠났다.

가방을 뒤로 메고 옆으로 메고 캐리어를 양손에 들었다. 사방팔방으로 뛰어다니는 아이를 잡으러 다니느라 온몸에 진이 빠졌다. 숙소에 도착하니 이미 밖은 어둑해져 있었다. 아이가 여섯 살이나 됐기 때문에 난 따로 음식을 준비하지 않았다. 일본에 맛있는 게 얼마나 많은데, 무조건 사 먹는다고 생각했다.

그런데 내가 에어비앤비로 예약한 숙소가 주택가다 보니 근처에 갈만한 식당이 없었다. 편의점은 꽤 거리가 있었고 길도 건너야 했다. 그때 깨달았다. 아이와 여행하면서 그 흔한 햇반이나 라면조차 비상식량으로 챙기지 않았다는 것을. 다행히 한국인 주인분이 위층에서 상주하고 있던 숙소라 사정을 얘기하고 저녁을 얻어먹었다.

나는 인터넷에 떠돌아다니는 글과 사진을 보며 아이와 단둘의 여행을 계획했다. 뭔가 있어 보이고, 좋은 엄마처럼 보이기도 했다. 즐거워 보였고, 로망을 심어주기에 충분했다. 실제로 그 당시에 내가 올린 글과 사진을 다시 봐도 정말 즐거워 보인다. 일본 가서 파워레인저도 사고, 에어비앤비에서 외국인들과 시간을 함께 보내기도 했다. 놀이동산도 가고, 사탕 공장도 가고, 동물원에도 갔다.

그 시간 중 아이는 반은 울고, 드러눕고, 생떼를 부렸다. 심지어 전철을 이용해서 동물원을 갔다가 아이가 잠드는 바람에 전철역에서 오도 가도 못하고 앉아있기도 했다. 여섯 살의 남자아이는 더 이상 내가 업고 갈 수 없었기 때문이다.

주인아저씨의 도움을 받아 여차저차 숙소로 돌아왔다. 온몸이 부들부들 떨리고 눈앞이 핑 돌았다. 우여곡절 끝에 여행에서 돌아왔다. 힘들긴 했지만 나름 즐거웠고, 큰 사고가 없어서 너무나 감사한 귀국이었다. 여행을 마치고 돌아오는 길은 조금 아쉬운 마음이 들기도 했다.

그런데 집에 도착한 순간부터 온몸에 힘이 빠지기 시작했다. 내 몸이 내 몸 같지 않고 움직여지질 않았다. 체력을 너무 많이 소진해서인지, 긴장이 풀려서인지 모르겠다. 감기나 몸살 같은 느낌은 아니었는데 물에 젖은 솜처럼 몸이 축축 처졌다. 아이가 나를 부르면 짜증이 솟구쳤다. 죄 없는 아이에게 괜한 보상 심리도 들었다. '너와 여행 가느라 엄마가 얼마나 힘들었는지 알아?!!!'

아이는 여행을 가자고 한 적이 없었고, 여행 가서도 내가 짜놓은 스케줄대로 움직였다. 돈 내고 사 먹는 매끼 밥은 맛이 없는 것도 아니었는데, 아이는 흥분해서인지 잘 먹지를 않았다. 내가 가고 싶어서 여행을 갔고, 스케줄을 짰고(아이를 위한답시고), 초밥 같은 내가 좋아하는 음식을 먹었다. 그런데 아이에게 갖게 되는 보상 심리는 도대체 어디에서 온 건지 모르겠다.

"부자처럼 보이려고 하지 말고, 진짜 부자가 돼라."

나는 지금까지 부자처럼 보이려는 삶을 살았다. 일 년에 한 번쯤은 해외여행을 다니는 사람처럼 보이고 싶었다. 비싼 음식점에 가서 내 돈을 쓰고 사람들과 오묘한 신경전을 벌이느라 내 에너지를 낭비했다. 이제는 부자처럼 보이는 삶을 살지 않는다. 진짜 부자가 되기 위해 마음 편한 소비를 한다.

　내가 하는 마음 편한 소비란 이런 것이다. 먼저 불필요한 해외여행은 가지 않는다. 화려한 해외여행 대신 가족들과 함께하는 순간의 행복에 집중한다. 테이크아웃 커피를 사 마시는 대신 평일엔 회사 커피를 마시고 주말엔 집에서 만 원대의 원두를 사서 간단히 내려 마신다. 커피값을 아낀다는 상징적인 의미로 하루에 3천 원씩 연금 계좌에 저축하고 있다. 옷은 백화점 대신 아울렛에서 산다. 내가 입은 옷 중에 후배가 이쁘다고 했던 가을 원피스는 3만 원이었다. 비싼 명품 화장품을 사용하면서 느끼는 만족감이 있었는데, 지금은 가성비 좋은 중저가의 화장품을 이용하면서 더 큰 만족감을 느끼고 있다. 심지어 생각 없이 푹푹 퍼서 바르던 화장품도 조심스레 반만큼만 바르며 아껴 쓰고 있다. 화장품 주식에 투자해서 받는 배당금으로 피부관리 받는 게 소박한 목표이다.

배달 음식을 시켜도 가능하면 직접 픽업해서 배달비 아끼고, 채소만큼은 온라인 쇼핑이나 마트에 가는 대신 근처 시장에서 사고, 점심은 간단히 싸가는 도시락으로 해결한다.

오늘도 난 진짜 부자가 되기 위해 마음 편한 소비를 했다. 내일도 할 수 있다.

카드값에 전전긍긍하며 살지 않겠다

전 직장에서 한 달에 한 번 여직원끼리 따로 모이는 '여직원의 날'을 만든 적이 있었다. 지금 생각하면 좀 웃기기도 한데, 여직원이 한두 명도 아니고 어쩌다 그런 날을 만들자는 의견이 형성됐는지 정확히 기억나지는 않는다. 얼핏 기억하기로는 그 시기 사내에서 불미스러운 사건이 있었고, 그 일이 여직원들을 단합하게 만든 계기가 됐다.

누가 주동을 했건 간에 해야 하는 분위기면 조용히 따라가는 게 상책이다. 비용을 회사에서 지원해 주는 건지 아닌지 명확하지도 않은 채 첫 모임 날이 됐다. 스무 명이 넘는 여직원들이 정문 앞에 모였다. 같은 회사에 다니고 있지만, 부서도 다르고 근무하는 층도 다르다 보니 다 같이 모이는 게 좀 신선하긴 했다. 나이가 많고 직급이 높으신 몇몇 분들의 결정에 따라 회사 근처 식당으로 다 같이 이동했다.

모임을 하기로 결정이 됐을 때 동료가 나에게 물었다.

"그런데, 이렇게 모이면 밥값은 누가 내는 거야? 회사에서 지원해 주는 거야?"

나는 고개를 갸우뚱하며 대답했다.

"글쎄, 잘 모르겠네. 그날 가보면 알겠지, 뭐."

회사에서 지원을 해주든 안 해주든 나는 크게 신경을 쓰지 않았다. 어차피 "그런데 돈은 누가 내나요? 제 돈 내고 먹는 거면 저는 빠지겠습니다"라고 말할 수 있는 것도 아니니 말이다. 그리고 어차피 밥 한 끼 먹는 거니까.

혹시나 했는데 역시나 밥값은 더치페이였다. 다들 당연하다는 듯이 더치페이하고 밖으로 나왔다. 밥을 먹고 나니 자연스럽게 카페로 이동했다. 소화도 시킬 겸 약간 거리가 있는 웰빙 음료 전문점으로 가자는 의견이 있었다. 이미 밥값으로 만 원을 썼는데 음료까지 마시려니 좀 부담스럽긴 했다. 그런데 다들 전혀 개의치 않아 하는 분위기였다. 나 역시 좋다며 의견을 거들었다.

나는 그날 그곳을 처음 가봤다. 가격은 정확히 기억나지 않지만, 그 당시 6천 원 정도였던 것 같다. 가격을 보고 '헉, 왜 이렇게 비싸'라고 속으로 생각했다. 주문한 음료를 받아보니 얼마나 대단한 웰빙 음료인지는 모르겠지만 가격 대비 양이 적었다. 테이크아웃해서 사무실로 돌아가며 마셨는데, 몇 번 쭉쭉 빨아 마시니 음료가 없었다.

그때 옆에서 같이 걸어가던 직원분이 낮은 목소리로 말했다.

"점심 한 끼 먹는데 만 오천 원이나 썼네. 밥 먹고 굳이 음료까지 마실 필요는 없는 것 같은데…."

그 얘기를 듣고 나는 쿨하게 말했다.

"에이 차장님, 밥 먹고 차 마시는 건 당연한 코스죠 뭐. 그래봐야 한 달에 한 번이잖아요~"

나는 솔직하지 못했다. 그 차장님이 내게 했던 말과 정확하게 같은 생각을 하고 있었음에도 겉으로는 아무렇지 않은 척 쿨하게 얘기했다. 내가 쿨하게 얘기함으로써 상대가 본인을 찌질한 사람처럼 느끼게 했던 것이다. 그냥 솔직히 나도 같은 생각이라고 얘기했으면 됐다. 하지만 그러지 못했다. 내 자존심이 나를 점심값 만 오천 원 정도는 당연히 쓰는 쿨한 사람으로 만들었다.

그달의 카드값은 유독 많이 청구됐다. 카드 명세서를 몇 번이나 확인했다. 특별히 큰 금액이 없는데 청구 금액이 큰 게 믿기지 않았다. 만원, 이만 원, 카드 명세서에 있는 금액을 엑셀에 하나하나 더해보았다. 합계 금액은 맞았다.

"현대인들이여! 그대들은 얼굴과 사지에 오십 군데에 색을 칠하고, 여기에 이렇게 앉아 나를 놀라게 하는구나!"

차라투스트라가 나에게 한 말인 것 같다. 돈을 쓸 때면 나 자신에게 솔직하지 못하고 쿨한 척 행동했다. 나에게 솔직히 말하는 동료에게도 가식적으로 행동했다. 얼굴과 사지에 오십 군데에 색을 칠하고 있던 사람은 바로 나였다.

이제는 쿨한 척 소비하며 카드값에 전전긍긍하는 삶은 살지 않는다. 내가 부담스러운 지출에 대해서는 나뿐만이 아니라 상대에게도 부담스럽다고 솔직히 말하고 양해를 구한다. 카드값이 얼마나 청구될지 마음 졸이는 대신 주 단위로 소비 내역을 확인한다. 소비가 많은 달은 꼭 필요하지 않은 지출은 최대한 통제한다.

그렇다고 매일매일 모든 지출을 기록하는 가계부를 쓰진 않는다. 나 혼자 사는 삶이 아니기 때문에 내가 통제할 수 없는 지출이 많기 때문이다. 통제할 수 없는 부분에 스트레스를 받는 대신 내가 통제할 수 있는 부분에 에너지를 쏟는다.

매일매일 가계부를 쓰며 스트레스받는 대신 쿨한 척 가식을 떨지 않고 나의 현재 상황을 있는 그대로 인정한다. 그거면 충분하다.

그런데, 연금저축이 뭐예요?

　최근 이메일로 협업 제안을 받았다. 재테크 앱을 개발하는 회사인데 신규 앱 출시를 준비하고 있다고 했다. 앱을 출시하기 전에 기능이 잘 작동할 수 있도록 테스트해달라는 것이었다. 당장 대가가 있는 제안은 아니었지만, 재밌을 것 같았다. 앱이 궁금하기도 했고 개발자님의 진정성이 느껴지기도 해서 제안을 수락했다.

　아이디를 부여받고 테스트용 앱을 다운받았다. 이것저것 구경하듯 눌러보고 궁금한 것은 개발자님께 앱의 개인 메시지로 물어봤다.

'팀장님, 채팅창 테두리가 움직이는데요. 고정이 필요할 것 같습니다.'
'채팅 알람을 누르면 채팅창이 열려야 하는데 반응이 없네요.'
'블로그 링크가 등록이 안 됩니다.'

요청 사항을 보내면 앱에서 바로바로 개선됐다. 신기한 경험이었다.

해당 앱은 채팅창을 열어 재테크에 대한 궁금한 것들을 1:1로 편하게 물어볼 수 있는 기능이 있었다. 내가 상담하고 싶은 분야로 채팅창을 열면 사용자가 들어와서 질문하는 방식이었다. 막상 채팅창을 열려고 하다 보니 망설여졌다.

'내가 딱히 재테크에 대해서 잘 아는 분야가 있나?'
'질문했는데 대답을 못 하면 어쩌지?'

누가 무슨 질문을 할지도 모르는데 괜히 아는 사람처럼 채팅창을 열었다가 당황스러운 상황이 생길까 봐 살짝 걱정되기도 했다. 결국 그나마 조금 자신 있는 분야가 연금저축이라 '연금저축'이라는 제목으로 채팅창을 열어봤다. 어차피 테스트 용이니까. 두근두근. 무슨 질문을 받게 될까 내심 궁금했다. 나라면 무슨 질문을 할지 생각해 보기도 했다. 그때 문자 알림이 울렸다.

'안녕하세요.'

와, 진짜 말을 거네. 신기한 마음에 인사를 하고 질문을 기다렸다. 그가 한 첫 질문은 이거였다.

'그런데, 연금저축이 뭐예요?'

엥? 연금저축이 뭐냐고? 순간 당황스러웠다. 연금저축이 뭐냐는 질문을 받을 줄이야!! 그런데 막상 대답이 딱 떠오르지도 않았다. 나는 연금저축이 뭔지 알고 있는데, 이걸 말로 설명하기가 어려웠다. 녹색 창에 검색했다. '연금저축'

'연금저축은 세제 적격 상품으로 일정 비율만큼은 세액 공제를 통해 세금 환급을 받을 수 있다. 가입 기간은 5년 이상이고, 만 55세 이상부터 연금으로 수령할 수 있다. 세제 혜택은…'

연금저축이라는 단어로 검색 버튼을 누르기만 해도 셀 수 없는 많은 정보가 나온다. 그런데 굳이 채팅창에 들어와서 연금저축이 뭐냐는 질문을 하는 이유는 뭘까 하는 생각이 문득 들었다.

나는 이렇게 대답했다.

'연금저축은 세제 혜택을 받을 수 있는 연금 상품이에요.'

그 뒤에 계속되는 질문들 역시 간단한 검색만으로 가능한 뻔한 내용들이었다.

우리는 정보의 홍수 속에 살고 있다. 하지만 정보가 넘쳐난다고 해서 내 노후가 알아서 준비되는 건 아니다. 총급여가 5,500만 원 미만인 근로소득자의 경우 매년 900만 원까지 공제율 16.5%로 최대 1,485,000원까지 세액공제를 받을 수 있다는 것. 연령 제한 없이 누구나 가입이 가능하며, 납입한도는 매년 1,800만 원이라는 것. 투자할 수 있는 상품은 실적배당형 상품(펀드), ETF/리츠 등이며 예금상품은 가입이 안 된다는 것. 이런 정보들을 관심 있게 찾아보고 하나씩 직접 실행해 봐야 노후 준비가 시작되는 것이다.

새롭게 출시할 예정이라는 재테크 앱의 기능을 이것저것 써보면서 장기적으로 이게 수익화가 될 수 있을까 하는 의문이 들었다. 그런데 넘쳐나는 정보 속에서 오히려 진짜 궁금한 걸 물어볼 곳이 현대인들에게 필요할지도 모르겠다는 생각을 하게 되었다.

개발 중인 앱이 끝까지 잘 개발돼서 우리 삶에 유용한 도구가 되길 바란다.

내가 언제까지 돈을 벌 수 있을까?

"우리는 주로 유럽에 있는 바이어들과 일을 해야 하니까 그들의 출근 시간에 맞춰야 합니다. 한국 시각으로 7시까지는 근무해야 원활한 커뮤니케이션을 할 수 있어요."

처음 국내 소규모 무역회사에 취직하며 사회생활을 시작했다. 출근 시간은 똑같이 9시인데, 퇴근 시간은 7시였다. 외국과의 시차 때문에 연장근무가 필요하다는 것이 이유였다.

'7시까지 근무가 필요하다면 출근도 10시에 하는 게 맞을 텐데….'

7시까지 근무해야 하는 이유는 여러 가지인데, 그에 맞춰 출근 시간을 조정해야 하는 이유는 없었다.

연장근무 수당도 없이 매일 노동법보다 한 시간씩 연장근무를 했다. 이런 회사에서 복지라는 게 있을 턱이 없지. 내가 필요한 날 쉴 수 있는 연차라는 건 아예 없었다. 하지만 근무조건이 부당하다든가, 법적으로 정해진 최소한의 근로자의 권리도 누리지 못한다거나, 월급이 터무니없이 낮다든가 하는 기본적인 것조차 느끼지 못했던 무지한 시절이었다.

1년 3개월을 근무했고, 더 이상 배울 게 없다는 생각에 회사를 그만뒀다. 그리고 우연히 외국계 회사로 이직하게 됐다. 영국계 회사, 유럽계 회사, 미국계 회사를 거쳐 다시 유럽계 회사로 왔다. 일이 많고 적고의 차이는 있었지만, 기본적으로 누리는 근로자 혜택은 노동법보다 상위였다. 근무 환경도 유연하고 정해진 연차 안에서 당당하게 쉴 수 있다. 일이 없으면 칼퇴근하고, 탕비실에 간식도 있다. 원두커피 기계가 있고, 업무시간에 출출하면 라면도 먹을 수 있다. 무엇보다 함께 일하는 사람들이 평균적으로 합리적이다.

감사하게도 회사에 다니면서 직장생활이 너무 힘들다거나, 일을 그만두고 싶다거나, 결혼하면 살림만 하고 싶다거나 하진 않았다. 회사 다니는 게 나름 재밌었고, 애 키우면서도 그럭저럭 다닐만했다.

그러다 37살에 팀장이 됐다. 팀장이 되고 보니 정해진 시간에 정해진 일만 하는 직장생활이 아니었다. 실무자였을 때 내가 할 일 하고 퇴근하면 끝이었는데, 팀장이 되니 그럴 수가 없었다. 요즘은 실무형 팀장이란 말을 많이 한다. 나 역시 작은 조직에서 실무형 팀장으로 일하다 보니 나의 고유한 업무가 있고 거기에 팀장 업무가 덤인 격이다.

"마감 전표가 포스팅이 안 되는데요."
"팀장님, 김 대리 업무처리가 원활하지 않습니다. 조치를 취해주세요."
"휴대폰 요금 좀 조정해 주세요."
"개인적인 일이 있어서 급하게 휴가를 내야 할 것 같습니다."
"에어컨 작동이 안 돼요."

"김 팀장, 출장 일정이 잡혔네요. 항공권 발권 부탁해요."

내 일도 해야 하는데 팀원들 일하는 것도 봐줘야 하고, 불평하는 거 들어줘야 하고, 타 부서와 싸우면 중재해야 한다. 휴가 가면 업무 조정해야 하고, 사무실 청소부터 법인 신청하는 것까지 신경 써야 할 일들이 점점 많아진다. 요즘엔 윗사람만큼 아랫사람 눈치도 봐야 하고, 행여라도 잘못된 평가를 받을지도 모른다는 사실을 늘 염두 해야 한다. 여하튼 스트레스가 이만저만이 아니다.

'아…. 돈 버는 게 왜 이렇게 힘들지. 이런 직장생활을 언제까지 할 수 있는 거야?'

실무자로 본연의 일 잘하는 것을 넘어 항상 신경 쓸 일이 있다. 뭔가 '버겁다'라는 기분이 들기도 했다. 월급쟁이로서 앞으로의 수명을 계산해 보기도 했다.

돈 벌기가 힘들게 느껴진다는 건 내가 돈 벌 수 있는 시간이 점점 줄어들고 있다는 의미였다. 30대에는 평생 오지 않을 것처럼 느껴졌던 55세라는 나이는 어느덧 내 앞에 성큼 다가와 있었다. 그만큼 나의 신체도 늙어가고 있다. 30대에는 며칠 야근을 해도 끄떡없었는데, 이제는 하루만 야근해도 눈이 침침하고 목디스크와 허리디스크 통증이 몰려온다. 노안이 시작될 나이이다.

> 만일 다시 젊은 시절로 돌아간다면, 가장 먼저 노
> 후에 쓸 자금부터 준비할 겁니다. 지금 나를 가장
> 힘들고 비참하게 하는 것은 바로 수중에 돈이 없
> 다는 것입니다. 젊은 시절에도 항상 돈 걱정만 했
> 는데…. 그래도 그때는 그나마 수입은 있었으니
> 비참하다는 생각보다는 어떻게든 되겠지, 하며
> 막연한 걱정만 했습니다. 그런데 지금은 수입도
> 없이 자꾸 돈 들어가는 일만 생기니 정말 비참할
> 뿐입니다.

『돈 걱정 없는 노후 30년』의 서문을 읽는 순간 심장이
덜컹했다. 남 얘기가 아니었다. 노후가 오는 건 누구도 막
을 수 없다. 수입이 끊긴 이후의 삶은 생각보다 길다.
　노후 준비는 다른 세상 이야기가 아니었다. 내 얘기였고,
나의 미래였고, 사회생활을 시작함과 동시에 같이 해나갔
어야 하는 것이었다. 나는 그걸 몰랐다.

지금 생각하니까 당연한 것, 퇴직금

'미국에 갈까, 유럽에 갈까? 퇴직금 받으면 여행도 가고 맛있는 거 많이 먹어야겠다.'

두 번째 회사를 그만둘 때 퇴직금을 받으면 미국이나 유럽으로 여행을 가고 싶었다. 보통은 퇴직 후, 바로 연결해서 이직하는 경우 중간에 한 달 정도의 공백기를 갖기가 쉽지 않다. 합격한 후 전 회사에 사직서를 내면 보통 인수인계를 한 달 정도 한다. 이직할 회사에서 통상 한 달 정도는 인수인계 기간으로 기다려 주지만, 그 이상 양해를 구하긴 쉽지 않다.

이직할 회사에서도 사람이 필요해서 뽑은 거니까 하루라도 빨리 왔으면 할 테다. 나 역시 두 달이라는 기간은 무슨 일이 생길지 모르기 때문에 맘 편히 여행을 가기 위해 입사를 늦추긴 어려웠다.

그런데 세 번째 회사로 이직할 때 최종 합격하기 전에 다니던 회사에 사직서를 먼저 냈다. 한 달 정도 인수인계를 마칠 때쯤 최종 합격을 하고 고용계약서에 사인을 했다. 그래서 중간에 한 달이라는 황금 같은 시간이 생겼다.

돈과 시간이 있다는 게 이런 것인가. 나는 많지도 않은 퇴직금을 박박 긁고 내 돈까지 보태서 엄마와 뉴욕에 갔다. 동생이 유학 중이어서 겸사겸사 그곳에서 한 달을 묵으며 주변을 여행했다.

"아, 또 퇴직금 받고 싶어서 회사 그만두고 싶다. 회사 그만두면 젤 기대되는 게 퇴직금 받는 거야. 퇴직금이야말로 내가 열심히 일한 것에 대한 보상이잖아. 진짜 공돈이지."

회사 다니면서 동료 직원과 이런 얘기를 나눈 적이 있다. 퇴직금은 받으면 당연히 써야 하는 공돈이라고 생각했다. 그 누구도 퇴직금을 노후가 될 때까지 쓰면 안 된다거나,

IRP 계좌로 이전해서 투자하라든가 하는 말은 하지 않았다. 그러다 『존리의 금융문맹 탈출』에서 미국의 연금제도인 401(K)에 대해 알게 됐다. 401(K) 플랜은 미국의 가장 대표적인 DC형 퇴직연금제도이다.

> 중간에 연금을 찾는 경우, 부과되지 않은 세금과 페널티를 부과함으로써 59.5세까지는 연금을 유지하도록 유도했고 근로자들이 노후를 준비하도록 했다. 지금도 미국에서는 이 401(K) 제도 덕분에 수백만 명의 백만장자가 탄생하고 있다.

퇴직연금으로 백만장자가 된다고? 나는 큰 충격을 받았다. 월급의 일부인 퇴직금을 59.5세까지 적절하게 운용하면서 유지하면 백만장자가 된다는 것이다.

세 번의 이직을 하며 세 번의 퇴직금을 받았다. 두 번째까지는 퇴직금이었고, 세 번째는 퇴직연금이었다. 퇴직금이든 퇴직연금이든 퇴직금에 대한 나의 인식은 전혀 다른게 없었다. 단지 퇴직금은 회사에서 내 계좌로 바로 입금해 주고, 퇴직연금은 IRP 계좌를 통해서 받은 후 계좌를 해지해야 하기 때문에 조금 더 번거로웠을 뿐이었다.

2024년 8월 20일 한경 코리아마켓 기사에 따르면, 급증하는 미국 연금 백만장자는 지난 1분기 48만 5,000명에 달한다고 한다. 물론 투자를 어떻게 하느냐에 따라 차이가 있겠지만, 포인트는 은퇴할 때까지 퇴직연금을 유지하는 연금 부자들이 많다는 것이다.

퇴직금은 노후 준비를 하기 위한 기초적인 자원이다. 퇴직금으로 받든 퇴직연금으로 받든 무조건 없는 돈이라고 생각하고 IRP 계좌로 옮겨서 55세 이후 연금으로 받아야 한다. 퇴직금은 근로자의 노후 소득 보장을 위해 기업이 일정 금액을 적립하는 것이다. 한 회사를 평생 다녔다고 가정한다면 은퇴 시점에 받게 되는 돈이다. 만약 나처럼 중간에 퇴직금을 받게 되면 안 받았다고 생각하고 은퇴 시점까지 유지해야 한다.

연금 부자는 다른 세상 사람의 이야기가 아니다. 노후에 대한 명확한 목표 의식을 갖고 그에 대해 준비하면 된다. 지금 생각하면 너무나 당연한데, 나는 40대가 되어서야 이 사실을 깨달았다.

연금저축과 IRP의 가장 큰 차이점은 투자 비중이다.

연금저축은 100% 주식형 상품에 투자할 수 있지만,

IRP는 30%를 무조건 원금 보장형 상품에 투자해야 한다.

2장

IRP에 가입하다

IRP 가입하던 날 설레었다

  '어휴, 오늘따라 은행 가기가 왜 이렇게 귀찮냐. 점점 은행가기도 귀찮아지는구먼.'

  회사에서 재무일을 담당하는 나는 업무 특성상 주기적으로 은행을 방문한다. 인터넷뱅킹으로 해결되지 않는 일들이 있기 때문이다. 자주 있는 일도 아니고, 바람도 쐴 겸 은행 다니는 일은 크게 힘든 일은 아니었다. 그런데 그날따라 날씨가 너무 덥고 무엇보다 햇볕이 쨍쨍 내리쬤다.

어찌나 사무실 밖으로 나가기가 싫던지 미루고 미루다 영업시간 끝나기 일보 직전 은행에 도착했다.

처리하는 데 시간이 걸리는 일이라 여유를 두고 갔어야 했다. 아니나 다를까 문 닫는 시간까지 업무처리가 안 끝나서 은행 셔터가 내려졌다. 이런 경우 나올 때는 개구멍처럼 조그마하게 별도로 마련된 문으로 나와야 한다.

앞에 있는 창구 직원이 열심히 일하는 동안 나는 보통 휴대폰을 보거나 직원과 수다를 떨기도 한다. 그런데 그날은 유독 만사가 귀찮아서 그냥 멍하니 앉아 있었다. 한두 번 가는 은행도 아닌데 그날따라 주위를 이리저리 둘러보고 옆에 놓여있는 홍보물도 들춰봤다. 카드, 예금, 대출 등 가끔 이것저것 살펴보면 나름의 재미가 있다. 그러다 테이블 앞에 IRP 가입 이벤트라고 놓여있는 광고가 눈에 들어왔다. 항시 놓여있는 것이었을 텐데 유독 IRP라는 글자가 대문짝만하게 보였다.

아는 만큼 보인다더니 나의 경우가 그랬다. 그 무렵 토해내기 일보 직전인 나의 연말정산에 대해 고민하던 시기였기 때문이다. 세액공제를 받을 수 있는 혜택이 점점 줄어들더니 급기야 환급금이 10만 원 미만으로 떨어졌다.

"아니 13월의 급여라더니 나는 왜 이렇게 환급받을 내역이 없는 거야. 이러다 토해내면 정말 억울할 것 같아!!"

동료에게 얘기하니 같은 입장이라며 연말정산 혜택이 점점 줄어드는 게 느껴진단다. 그렇다고 월급 받을 때 세금을 더 뗄 수도 없는 노릇이고…. 그렇게 세금을 더 떼서라도 연말정산 때 돌려받는 것이 기분은 더 좋을 것 같다며 우리는 웃었다.

창구에 붙어있던 IRP 홍보 내용은 그동안 하도 많이 보고 들어서 새삼스러운 것도 없었다.

개인부담금 연 900만 원까지 최대 16.5% 세액공제

퇴직금 입금 시 퇴직 소득세 과세 이연

연금 수령 시 저율 과세

홍보물의 글자를 별생각 없이 쭉 읽어 내려가는데, 그 순간 충동적으로 IRP 계좌를 개설해야겠다는 생각이 들었다. 이제 정말 이거 말고는 세액공제를 받을 방법이 없을 것 같았다. 어차피 55세라는 나이도 이제는 까마득히 멀게 느껴지지 않았다.

나는 즉시 IRP 계좌를 개설하고 싶다고 얘기했다. 직원

분이 오늘은 영업시간이 종료돼서 개설이 안 되고 내일 다시 방문해달라고 했다. 막상 계좌를 개설하려고 생각하니 마음이 조급해졌다. 다음날 영업점이 오픈하자마자 바로 은행에 가서 IRP 계좌를 개설했다.

고용노동부가 발표한 '2023년도 퇴직연금 적립금 운용 현황 통계'에 따르면, 2024년 IRP 가입자 증가율은 전년 대비 31.2%, 적립금은 18조 원에 육박했다고 한다. 긍정적인 소식이 아닐 수 없다.

IRP 계좌는 통장에 돈을 넣기만 하면 최대 16.5%를 돌려받을 수 있다. 그것만으로도 큰 혜택이다. 만약 12월에 불입하면 2개월 뒤에 16.5%를 돌려받는다. 물론 불입한 돈은 55세 이후에 연금으로 받아야 하지만, 어차피 55세는 온다.

가입하고 나니 온통 IRP 광고만 눈에 보였다. 그동안 가입을 안 하고 버틴 게 용할 정도로 정말 사방팔방 도배가 되어 있듯 곳곳에 광고지가 붙어있었다.

업무적인 일로 주기적으로 은행을 다닌 지가 20년. 한때는 IRP 계좌가 퇴직연금 받을 때나 쓰는 계좌인 줄 알았다. 어떤 기능이 있는지, 어떻게 활용하면 되는지 등은 당연히 전혀 몰랐다.

계좌를 개설할 당시엔 연말정산 세액공제 기능밖에 몰랐지만, 계좌를 개설한 것만으로도 설레었다.

　'드디어 나도 연금 넣고 세액공제 받는다!!'

IRP로 첫 연말정산 세액공제 받다

　두근두근. 드디어 연말정산 간소화 자료가 뜨는 날이다.

　연말정산을 빨리한다고 환급받는 세액이 늘어나는 것도 아닌데, 왜 이렇게 이 순간이 기다려지는지 모르겠다. 접속 자가 휘몰아치기 전에 홈택스에 로그인해야 한다. 동시 접속자가 몰리기 시작하면 지루한 기다림이 시작되기 때문이다. 빨리 치고 빠지는 게 관건이었다.

　잽싸게 홈택스에 로그인하고 기계적으로 간소화 자료를 다운로드했다. 부양가족은 전년도와 동일하기 때문에 관런 항목을 클릭하고 다운로드를 하면 간단했다. 요즘도 급여를 외주 주지 않고 회사에서 자체적으로 처리하는 회사가 있겠느냐 하겠지만, 우리 회사가 그런 회사 중 하나였다.

내가 이 회사에 입사했을 때 급여를 자체적으로 처리하고 있는 게 안타까웠다. 심지어 그게 나의 업무 중 하나였다. 급여는 은근히 신경 써야 하는 일이 많고, 가산세라는 리스크도 있다. 잘해야 본전이고 아차 하면 바로 가산세로 이어진다. 직원이 몇 명 안 돼서 연말정산만 외주를 주기도 애매했다. 결국 연말정산도 내가 직접 해야 했다.

입사해서 멋모를 때 급여는 외주를 줘야 하는 게 아니냐고 얘기해야 했는데, 내 전임자가 했던 일을 내가 입사하자마자 외주를 주느니 마느니 하기는 애매한 상황이었다. 아니나 다를까 연말정산에서 사장님 자녀 학원비 누락, 세금신고 누락, 고용보험 이중 차감, 자녀 세액공제 오류, 연말정산 지급명세서 신고 누락 등 몇 번의 가산세를 물었다.

정말 하기 싫은 일이었는데, 가산세까지 몇 번 물어내고 나니 자괴감이 몰려왔다. 급여 업무는 외주로 진행해야 한다는 말이 목까지 올라왔지만, 일하기 싫은 사람처럼 보일까 봐 차마 입 밖으로 꺼내진 못했다. 그런데 급여 업무를 하면서 한 가지 좋은 점은 내가 직접 내 연말정산을 가장 빨리 해 볼 수 있다는 것이었다. 간소화 자료를 내려받자마자 연말정산 프로그램을 열었다.

떨리는 마음으로 연말정산 자료들을 하나하나 입력했다. 보장성보험, 의료비, 신용카드, 현금 영수증, 기부금 등 그리고 IRP에 불입한 대망의 연금 납입분.

IRP 계좌를 9월에 개설해서 10만 원씩 4개월, 40만 원을 불입했다. 총급여가 5,500만 원 이하인 경우라면 16.5%를 공제받을 수 있지만, 나의 경우는 5,500만 원 초과 구간에 해당하여 40만 원의 13.2%를 공제받게 됐다.

연말정산 세금은 소득세와 지방소득세로 나누어져 있다. 결정세액은 소득세이고 소득세의 10%가 지방소득세이다. 즉 공제율 13.2%는 소득세 12%와 지방소득세 1.2%가 합쳐진 것이다.

40만 원의 12%인 48,000원에 1.2%인 4,800원, 총 52,800원이 내가 '근로자퇴직급여 보장법' 항목으로 공제받은 첫 환급금이었다. 기분이 짜릿했다. 다음 해엔 더 많이 불입하고, 더 많이 환급받아야겠다는 결심을 하게 됐다.

원천징수영수증에서 세액공제 항목을 보면 '근로자퇴

직급여 보장법'과 '연금저축' 두 가지로 나누어져 있다. 연말정산 담당자였음에도 지금까지 나도 이 둘의 차이를 몰랐다.

내가 IRP로 첫 환급금을 받았던 2017년에 연금계좌로 세액공제를 받은 사람은 회사에서 나 한 명이었다. 3년 동안 내가 유일한 환급 대상자였고, 3년 뒤에야 한 사람이 추가됐다.

개인연금으로 세액공제를 받을 수 있다는 걸 몰라서 가입을 못 하는 것이 아니다. 일단 계좌를 개설하고 얼마라도 불입을 해보자. 단 몇만 원이라도 실제로 환급을 받아보면 그 짜릿한 기분을 느낄 수 있다. 한번 받은 환급금은 중독성이 있다. 더 많이 받고 싶고 그래서 더 많은 돈을 불입하게 된다. 나 역시 그랬다. 더 많이 환급받고 싶은 마음을 멈출 수가 없었다.

IRP로 첫 연말정산 세액공제를 받았던 그날이 시작이었다. 그때는 몰랐다. 내가 한도를 꽉꽉 채워서 최대 금액의 세액공제를 받게 되는 날이 오게 될 줄이야.

내가 IRP 한도 700만 원을 채울 줄이야

"무조건 나라에서 주는 세제 혜택 먼저 누려야
합니다. 연금저축은 정말 좋은 제도예요. 1년에
400만 원은 무조건 채우세요. 돈이 없다는 건 말
이 안 됩니다. 커피값만 아껴도 충분히 채울 수
있습니다."

어느 날 지인인 지후맘님이 존리 대표가 출연한 유튜브
영상을 보내왔다. 15분 정도 되는 영상이었는데, 나는 그 영상을 보고 한마디로 충격에 휩싸였다. 그날 같은 영상을 열 번도 넘게 반복해서 돌려봤다. 태어나서 처음 듣는 얘기도 아니고 나름 재테크 책을 많이 읽었던 터라 익숙한 얘기들이었다. 그런데 그 영상에서 존 리 대표가 얘기하는 메시지는 너무 간단하고 명료하게 내 가슴에 와닿았다.

2017년 처음 IRP 계좌를 개설하고 한 달에 10만 원씩 4개월 동안 불입했다. 그다음 해는 10만 원씩 11개월을 불입해서 좀 더 많은 금액의 세액공제를 받았다. 마음 같아서는 더 많은 금액을 넣고 더 많이 공제받고 싶었지만, 현실은 그렇지 못했다. 한 달에 10만 원이 뭐 그리 큰돈이냐 싶기도 하지만, 현실의 삶은 생각보다 팍팍했다.

아이 둘을 키우는 워킹맘으로 살다 보면 나 혼자만 허리띠를 졸라맨다고 돈을 절약할 수 있는 게 아니었다. 애를 내가 보는 것도 아니었기에 돈으로 해결할 수 있는 일들엔 돈을 쓸 수밖에 없었다. 애초에 커피를 사 마시지도 않기 때문에 아낄 커피값도 없었다.

매월 나가는 돈 중에서 지출을 미룰 수 있는 항목은 많지 않았다. 육아비, 생활비, 보험료, 학원비 같은 꼭 필요한 비용을 지출하고 나면 먼 미래를 위한 연금에 투자하는 10만 원은 정말 크게 느껴졌다.

2018년 1월, 호기롭게 매월 10만 원씩 IRP 계좌에 돈을 넣었다. 2월, 3월, 4월···. 한 달 한 달 지날수록 10만 원의 무게감은 점점 커졌다. 그래도 내가 매월 월급 받는 직장인인데 한 달에 10만 원을 못 넣겠나 싶었다. 일종의 자존심 같은 것이기도 했다.

하지만 결국 우선순위에서 밀리는 건 연금이었다. 2018년의 마지막 달인 12월만 넘기고 새해부터는 새로운 마음으로 다시 시작하자고 다짐했다. 2019년 새해가 밝았지만 한번 건너뛴 연금 10만 원은 다시 불입하기가 쉽지 않았다. 그렇게 2019년은 지나갔다.

막상 연말정산 세액공제에서 연금으로 세액을 한 푼도 공제받지 못하니 쓸쓸함이 몰려왔다. 한 달에 10만 원이 뭐가 그리 크다고. 지나고 보니 충분히 감당할 수 있는 돈이었다는 생각이 들었다. 마인드의 문제였다. 지인이 존리 대표의 영상을 보내준 건 그 무렵이었다. 그 영상을 보고 연금저축 세제 혜택은 무조건 받아야겠다고 생각했다. 유튜브에서 '존리'를 검색했다. 검색해서 나오는 영상들을 닥치는 대로 시청했다. 연금저축의 혜택과 중요성에 관한 얘기를 계속 들으니, 머릿속에 각인이 되는 것 같았다.

'그래, 무조건 700만 원 한도는 채우는 거야.'

그 시기에는 연금으로 받을 수 있는 세액공제 한도가 700만 원(2023년 기준 900만 원으로 상향됨)이었다. 나는 무조건 700만 원은 채워야겠다고 결심했다. 무엇보다도 이 목표를 우선순위의 최상위에 올려놓았다.

일 년에 700만 원을 채우려면 매월 58만 3천 원을 IRP 계좌에 넣어야 했다. 너무 큰 돈이었다. 58만 3천 원이 큰 돈이기도 했지만, 내가 결심한 순간은 이미 2020년 8월을 넘어가고 있었다.

나는 앞으로의 결심이 흔들리지 않도록 일단 어떡해서든 당해 연도에 700만 원을 채우기로 했다. 하지만 현금 700만 원이 있을 리가 없었기 때문에 머리를 굴렸다. 일단 비상금을 털어서 모을 수 있는 현금을 모으고, 여름 휴가비, 추석 상여금을 받는 족족 IRP 계좌로 이체했다.

그래도 돈이 300만 원 정도 부족했다. 더 이상 긁어모을 곳이 없었다. 보험 대출을 받을까도 잠깐 생각했지만, 빚을 내서 연금계좌를 채우는 건 있을 수 없는 일이었다. 계속 생각하다 보니 받아놓고 안 쓰고 있던 상품권이 생각났다. 상품권을 현금화해서 50만 원을 IRP 계좌로 이체했다.

250만 원. 어떡해서든 이 돈을 채우고 싶었다. 한 번도 팔아보지 않은 육아용품이 눈에 들어왔다. 사서 버리기 바빴던 육아용품을 중고 시장에 팔아야겠다는 생각이 들었다. 중고 사이트에 들어가서 장난감 하나를 올려봤다. 5만 원에 바로 팔렸다. 이거다.

　　육아용품을 팔다 보니 뭘 더 팔고 싶다는 생각이 들었다. 안 입는 옷도 팔아볼까. 신발을 팔아볼까. 이런저런 생각을 하다가 불현듯 망가진 액세서리를 모아놨던 게 생각이 났다.

　　서랍을 여기저기 뒤져서 액세서리 통을 찾았다. 평소에 액세서리를 잘 안 하다 보니 완전히 방치되어 있던 통이었다. 열어보니 한 짝밖에 없는 귀걸이, 끊어진 팔찌, 프러포즈 때 받은 목걸이, 줄이 없는 펜던트까지 정말 숨겨진 보물이 따로 없었다.

　　나는 바로 동네 액세서리 매장으로 갔다. 종류별로 분류하고 차례대로 무게를 달았다. 점원분이 계산기를 탁탁 두드리더니 종이에 뭔가를 적었다. 종이를 받으니 자그마치 190만 원!!! 나는 순간 소리를 지를 뻔했다. 나는 결국 목표한 700만 원을 채웠고, 그해 연금 세액공제 최대 금액인

924,000원을 환급받았다.

'내가 연금저축 한도 700만 원을 채울 줄이야.' 가슴이
벅차올랐다.

IRP 계좌에서 펀드를 매수하기까지

벼락치기 하듯 IRP 한도 700만 원을 채운 나는 좀 더 계획적으로 한도를 채우기로 결심했다.

먼저 연말정산으로 돌려받은 1,075,170원(연금 세액공제분 924,000원 포함) 중 100만 원을 IRP 계좌로 이체했다. 채워야 하는 한도가 600만 원으로 줄었다. 이걸 12개월로 나누면 50만 원이었다. 그런데 50만 원은 매월 연금에 불입하기엔 부담되는 돈이었다.

한 해 동안 급여 외에 발생하는 자금에 대해 생각해 봤다. 회사에서 받는 명절 상여금, 여름 휴가비, 생일 상품권, 다 합쳐보니 180만 원이었다. 이 돈은 받는 즉시 IRP 계좌로 이체하기로 결심하고 한도 금액에서 뺐다. 최종으로 남은 420만 원을 12개월로 나누어 보니 35만 원이 됐다. 이 정도면 할 수 있겠다는 도전 의식이 생겼다.

그때까지만 해도 나는 IRP 계좌에서 자금을 어떻게 운용하는 건지, 솔직히 운용할 수 있는 건지도 몰랐다. 알았더라면 예금상품에라도 가입했겠지. 하지만 내 돈은 원금 그대로 1원도 변함없이 고스란히 보존되어 있었다.

그러다 어느 날 내가 장기투자를 할 수 있는 자금을 방치하고 있었다는 무지함을 깨닫게 됐다. 뭐라도 해야겠다는 생각이 들었다. 그런데 막상 뭘 해야 하는 건지, 어떻게 해야 하는 건지, 상품은 어떻게 선택해야 하는 건지 너무 막막했다.

인터넷을 뒤적거리다가 답답한 마음으로 은행 콜센터에 전화했다. 한참 동안 기다린 후에야 전화가 간신히 연결됐다.

"저 IRP 계좌에서 상품에 가입하려고 하는데 어떻게 하면 되나요?"

"아 그러세요. 모바일 앱 사용 가능하시면 앱에서도 간단하게 매수가 가능합니다."

은행 콜센터 직원분은 모바일 앱에서 간단하게 진행할 수 있다며 친절하게 설명을 해주었다. 그런데 간단하다는 말과 달리 불러주는 메뉴를 찾기도 쉽지 않았다. 여러 번 묻기를 반복한 끝에 상품을 매수하는 곳에 도착했다.

"여기서 투자하고 싶은 상품을 검색하시면 됩니다."

'엥? 투자하고 싶은 상품을 검색하라고?'

무슨 상품이 있는지도 모르는데, 투자하고 싶은 상품을 검색해야 한다고 했다. 순간 멍해진 나는 일단 알겠다고 한 뒤 전화를 끊었다. 투자할 상품 먼저 선택해야 했다.

인터넷을 검색하고 은행 직원에게도 문의했다. 막상 내가 직접 검색해서 투자해야 한다고 생각하니 결정하기가 쉽지 않았다. 고민만 하다가 며칠이 흘렀다. 피로감이 몰려왔다.

연금계좌에서 뭔가에 투자하려면 내가 직접 들어가서 상품을 선택하고, 매수를 하고, 설정해야 했다. 어려웠다. 입금예정상품 등록/변경, 보유상품 변경 등 용어도 어렵고 방법도 도통 이해가 안 갔다.

괜히 뭐라도 잘못 눌렀다가 원금을 까먹게 되는 건 아닐까, 하는 말도 안 되는 생각을 하기도 했다. 콜센터에 몇 번을 전화한 끝에 결국 펀드를 매수하는 데 성공했다.

조심스레 원금의 일부인 50만 원으로 미국 배당주에 투자하는 펀드를 매수했다. 매수 완료가 되는 순간 가슴이 콩닥콩닥 뛰었다. 이러다 괜히 원금 까먹는 게 아닌지 우려스럽기도 했다.

불안한 마음을 잠재우려는 듯이 나는 연금저축, 장기투자, 투자마인드 같은 책이나 영상을 찾아보았다. 책이나 영상을 읽고 볼수록 장기 투자할 수 있는 연금계좌는 무조건 주식에 투자해야 한다는 결론에 이르렀다.

"내가 회사를 그만두지 않더라도, 주식은 반드시 투자해야 한다. 누군가가 내 노후를 위해서 일하게 만들어야 한다. 주식에 투자한다는 것은 누군가가 항상 내 노후를 위해서 일하게 만든다는 뜻이다."

누군가 항상 내 노후를 위해서 일하게 만들어야 한다는 존리 대표의 말이 가슴에 와닿았다. 용기가 생겼다. 남아있는 원금 중 IRP 계좌에서 주식형 상품에 투자할 수 있는 최대한도인 70%까지 전부 주식형 펀드에 투자했다. 30%는 예금상품에 가입했다.

그리고 입금예정상품 등록이라는 기능을 이용해서 앞으로 입금되는 돈은 자동으로 내가 설정한 상품과 비율로 매수되게 해 두었다. 이제 세팅은 끝났다. 열심히 돈만 모으면 된다.

연금저축계좌로 400만 원을 분산하다

새는 알을 깨고 나오려고 투쟁한다. 알은 세계다. 태어나려고 하는 자는 한 세계를 파괴하지 않으면 안 된다.

헤르만 헤세의 『데미안』에 나오는 말이다. 새가 알을 깨고 세상에 나오듯 새로운 세계를 맞이하기 위해서는 투쟁의 과정이 필요하다. 세상에 공짜로 얻어지는 것은 없으니까.

IRP 계좌에서 펀드를 매수하고 자금을 운용하기 시작했던 건 나에겐 알을 깨고 새로운 세상에 나온 것이나 마찬가지였다. 그동안 나는 원금 보장이라는 단단한 알에 갇혀 있었다. 그 알을 깰 수 있는 건 나 자신뿐이었다.

알을 깨기까지는 고통이 있었지만, 나는 그 과정에서 성취감을 느끼며 알 밖에 있는 세상을 바라보는 새로운 눈을 갖게 되었다. 다양한 주식형 상품을 찾아보고, 포트폴리오를 이리저리 구성해 보고, 필요한 책과 영상을 꾸준하게 찾아보았다. 책과 영상을 보면서 실천할 수 있는 것들은 하나하나 실행에 옮겼다.

그 무렵 메리츠자산운용에서 펀드 앱이 출시됐다. 앱에서 연금저축계좌를 개설하면 바로 메리츠자산운용 펀드를 매수할 수 있었다. 그때 알게 된 것이 있다. 사실은 연말정산 세액공제 한도금액 700만 원(2024년 기준 900만 원)에는 연금저축 한도 400만 원(2024년 기준 600만 원)이 포함되어 있다는 것을. 즉, IRP에 700만 원을 채우거나 아니면 연금저축에 400만 원과 IRP에 300만 원을 채우는 것이다.

이 사실을 알자마자 연금저축계좌를 열었던 건 아니었다. 이 역시 받아들이고 실행에 옮기기까지 시간이 필요했다. 처음엔 어차피 700만 원 세액 공제받는 거 귀찮게 나눌 필요가 있겠느냐고 생각했다. 다시 계좌를 열고 새로운

77

2장 IRP에 가입하다

상품에 가입하고 자동 매수 설정하는 과정이 생각만 해도 피곤했다.

연금저축과 IRP, 두 계좌의 가장 큰 차이점은 투자 비중이다. 연금저축은 100% 주식형 상품에 투자할 수 있지만, IRP는 30%를 무조건 원금 보장형 상품에 투자해야 한다.

'30% 정도는 원금형 상품에 투자해도 되지 않을까?' 귀찮은 마음에 나 자신을 합리화했다. 이대로도 나름 괜찮다고 생각했다.

그런데 30%는 생각보다 큰돈이었다. 700만 원의 30%면 210만 원이다. 나의 경우 매월 35만 원씩 불입하는데 30%면 10만 5천 원이다. 일반계좌에서 펀드 상품 가입하면 보통 월 10만 원을 설정한다. 매월 10만 5천 원짜리 펀드 상품 한 개 가입할 수 있는 돈이라고 생각하니 너무 아까웠다.

연금저축계좌를 열어서 거기에 400만 원을 넣고 100% 주식형 상품에 투자하면 IRP 계좌보다 매년 120만 원을 더 주식형 상품에 투자할 수 있게 된다. 나는 그제야 연금저축계좌를 열고 400만 원을 연금저축으로 분산하기 시작했다.

투자 초기에 상품을 선택하는 게 어려웠던 나는 이 시기에 상품을 선택하기 전에 투자 설명서를 꼼꼼히 살펴보고 비교하는 훈련을 했다. 내가 펀드를 매수하기 전에 기본적으로 확인하는 내용들은 다음과 같다.

1. 펀드가 투자하고자 하는 목적 및 투자전략
2. 운용역(펀드매니저)의 운용실적과 변경내역
3. 투자비용 - 판매수수료 및 총보수
4. 자산구성 현황 - 구성종목과 비율 확인
5. 수익률 - 단기와 장기 수익률 함께 확인
6. 매매회전율

모든 펀드 상품에는 상품에 대한 투자설명서와 간이 설명서가 포함되어 있다. 투자설명서는 일단 양이 방대하기 때문에 먼저 간이 설명서를 확인해 본다. 내가 투자 시 확인해야 하는 정보는 간이 설명서만으로도 확인이 가능하다.

간이 설명서로 부족하다면 그때 투자 설명서를 보면 된다. 소중한 내 돈을 몇십 년이 될지도 모를 시간 동안 투자해야 하는데, 투자하기 전에 이 정도의 시간과 노력은 감수해야 한다는 생각이 든다.

그해 나의 원천징수영수증은 연금 세액공제 항목이 둘로 나뉘었다. 근로자 퇴직연금 보장법 36만 원과 연금저축 48만 원이었다. 한 단계 더 발전한 모습이었다.

은행에서 증권사로 IRP 갈아타기

'IRP 계좌를 증권사에서도 개설할 수 있다고?'

언제부터 가능했던 건지 아니면 원래 가능했던 건지 모르겠다. 어느 날 주거래 증권사 앱을 열었는데 IRP 계좌개설 이벤트가 한창이었다. 연말정산 세액공제 한도를 채우는 데만 급급했던 나는 그때까지만 해도 IRP 계좌는 은행에서만 개설이 가능한 줄 알았다.

이미 은행 IRP 계좌에 적응하고 익숙해진 터라 증권사에서 다시 계좌를 개설하고 자금을 옮기는 수고를 할 필요를 느끼지 못했다. 은행과 증권사의 IRP 계좌 성격은 같다. 매년 900만 원까지(연금저축 600만 원 포함) 연말정산 세액공제를 받을 수 있고(내가 이전할 당시는 한도가 700만 원이었음), 위험자산 비중을 70% 이하로 유지해야 한다.

그런데 결정적인 차이점은 투자할 수 있는 상품의 종류가 다르다는 것이다. 위험자산 비중이 동일하다 하더라도 투자할 수 있는 위험자산의 종류가 다르다. 원금보장형 상품이나 안정적인 투자를 원한다면 큰 차이가 없다. 그런데 그 시기에 나는 좀 더 수익률이 높은 상품에 투자하길 원했다. 물론 그만큼의 리스크는 감안할 준비가 되어 있었다.

증권사 IRP의 경우 주식 채권 등의 일반 펀드와 ETF, ETN, 리츠, 인프라 펀드에 투자가 가능하다. 반면, 은행의 경우는 ETN, 리츠, 인프라 펀드의 투자는 불가하고 ETF도 제한적으로 가능하다.

요즘에는 은행도 수수료를 0%로 낮추는 곳이 늘어나는 것 같은데, 그 당시만 해도 증권사는 수수료가 0%지만, 은행은 일정 요율의 수수료를 받았다.

은행과 증권사의 차이점을 비교해 보니 귀찮음을 감안

하고라도 증권사로 IRP 계좌를 옮겨야 한다는 결론에 이르렀다. 때마침 거래하던 증권사에서 IRP 계좌 이전 이벤트가 진행 중이어서 이벤트를 신청하고 IRP 계좌를 개설했다.

그런데 미처 생각하지 못했던 부분이 있었다. 기존 계좌에서 투자하고 있던 금융상품을 그대로 이전할 수 없다는 것이었다. 일단 전부 매도나 해지를 해서 인출 가능한 현금으로 만들어 놔야 했다.

"기존 은행 IRP 계좌에 있는 자금을 저희 쪽 IRP 계좌로 옮겨오는 건 어렵지 않아요. 저희 쪽에서 은행과 확인 후 자금을 이전하면 됩니다."

"아 그러면 저는 아무것도 안 해도 된다는 말씀이죠?"

"네, 그런데 투자하고 계셨던 예금이나 펀드가 있다면 그건 다 현금화해서 이체가 가능한 상태로 만들어 주셔야 해요."

"예? 해외 펀드는 현금화되려면 7영업일이 돼야 출금이 가능한 것도 있는데요?"

증권사에서 IRP 계좌를 개설하고 난 뒤, 뒤늦게 현물로 이전이 안 된다는 걸 알게 됐다. 담당 컨설턴트와 통화를 하고, 그제야 부랴부랴 투자하고 있던 상품을 매도하고, 현금화되기까지 일주일을 기다렸다.

지나고 생각해 보니, 손실까지 감안하며 무리하게 가입했던 상품을 매도할 필요가 없었다. 기존 IRP 계좌에서 투자 중인 상품을 일괄적으로 매도할 필요 없이, 일단 증권사 IRP 계좌를 오픈해서 새로 납입하면 된다. IRP 계좌는 여러 개를 만들 수 있기 때문에 기존 계좌는 해지하지 않고 운용하다가 예금이나 펀드가 만기되거나 매도하고 싶을 때 현금화해서 조금씩 이전해도 되기 때문이다.

마음먹었을 때 바로 이전하지 못하고 현금화될 때까지 기다리는 일주일은 정말 길게 느껴졌다. 펀드 상품, 특히 외국 펀드의 경우 환매기간이 생각보다 길어 이런 점을 투자하면서 참고해야 한다는 걸 깨달았다.

우여곡절 끝에 은행에서 증권사 IRP 계좌로 갈아타기에 성공했다. 막상 증권사로 옮겨오니 신세계가 펼쳐졌다. 투자할 수 있는 상품이 다양해졌고, 주식 매수하는 방법과 동일하게 매수하면 됐고, 무엇보다 실시간 거래가 가능했다.

나는 어떤 종류의 상품을 선택할지 신중하게 고민했다. 이제는 정말 장기로 투자하고 싶었기 때문이었다. 펀드,

ETF, 채권 등 여러 가지 상품을 고민한 끝에 2가지 종류의 리츠 상품을 매수했다.

이제 IRP 계좌에서 리츠를 통해 간접적인 부동산 투자와 더불어 안정적인 배당금까지 받을 수 있게 됐다. 풍족한 노후의 삶에 한 걸음 더 가까워졌다.

만약 누군가가 나에게 사람들이 이것만큼은
꼭 알았으면 좋겠다는 상품이 뭐냐고 묻는다면
나는 망설임 없이 '연금저축'이라고 얘기할 것이다.

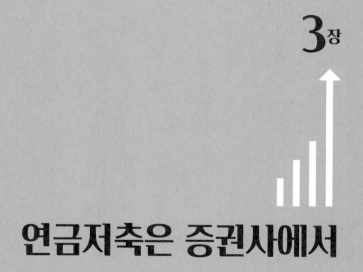

3장

연금저축은 증권사에서

나는야 연금저축펀드 얼리어답터

"수연씨, 연금저축펀드라는 거 알아?"

"아뇨, 처음 들어봤는데요. 그게 뭐예요?"

"왜 우리 연말정산하면 개인연금 세액공제 받잖아. 그걸 펀드로 가입할 수도 있다네. 그럼 어차피 펀드 가입하는 거 연금저축펀드로 가입하면 연말정산 세액공제까지 받을 수 있는 거잖아."

"오, 정말요? 그런 게 있어요? 그럼 당연히 연금저축펀드로 가입해야죠."

2009년, 내 나이 서른이 되던 해였다. 그 무렵 중국에 투자한다는 차이나 펀드가 수익이 높다는 소문이 퍼지면서 펀드라는 용어가 유행처럼 번지기 시작했다.

은행에서 무슨 상품을 판매한다더라, 무슨 펀드에 가입해야 한다더라, 중국 펀드가 수익률이 높다더라, 하는 이야기들은 '카더라 통신'처럼 사람들의 입에서 입으로 전해졌다.

삼삼오오 모여 얘기를 하다가 마음이 맞는 사람들끼리 점심시간을 이용해 다 같이 은행에 갔다. 창구마다 차이나 펀드 홍보물이 여기저기 붙어있었다.

"저 차이나 펀드 가입하려고 하는데요."

"아, 그러세요? 펀드는 원금 보장이 안 되는 투자상품인 거 아시죠?"

"네? 원금 보장이 안 된다고요? 그럼, 원금이 0원이 될 수도 있다는 얘기인가요?"

"네, 맞습니다."

아니, 원금 보장이 안 된다니 이게 무슨 말인가. 그때까지만 해도 예금, 저축, 이런 것들에 익숙해져 있던 나는 펀드가 주식투자처럼 원금을 잃을 수 있는 투자라는 것도 모른 채 펀드에 가입하러 갔다.

사실 예금, 저축은 둘째 치고 20대 후반까지만 해도 나는 엄마가 참여하는 계 모임의 일원이었다. 계주 아주머니가 계원들을 모집해서 한 명씩 돌아가며 계를 타는 형식의 모임은 그 당시만 해도 동네 어르신들의 흔한 목돈 마련 방식이었다.

이론대로라면 정해진 원금에 계를 먼저 탄 사람이 이자를 내고 나중에 타는 사람이 이자를 받는 방식은 논리적이다. 하지만 문제는 100% 사람들 사이의 신뢰를 바탕으로 이루어진 모임이기 때문에 언제든 깨질 수 있다는 것이었다. 아니나 다를까 잊을만하면 계주가 도망갔다더라, 먼저 타 먹은 사람이 나자빠졌다더라, 하는 소식이 들려오곤 했다.

세상이 어떻게 돌아가는지도 모르고 주식의 '주'자도 모르던 내가 한국도 아닌 중국에 투자한다. 그런데 자칫하면 투자금이 0원이 될 수도 있다. 물론 중국이 엄청나게 발전할 예정이라 투자금이 몇 배로 불어날 수도 있다. 아니 불어날 것이다.

차이나펀드에 가입하면 무조건 수익이 날 거라는 강한 믿음이 있던 시기였다. 원금 보장이 안 된다는 말에 잠시 흔들렸지만, 이내 머리를 털고 그럴 리 없다며 마음을 다

잡았다.

"원금 보장이 안 된다는 건 알고 있을게요. 차이나 펀드 가입해 주세요. 매월 10만 원씩 자동이체로 설정하겠습니다."

이렇게 나는 생애 첫 펀드에 가입했다.

직장 동료를 통해 연금저축펀드라는 금융상품이 세상에 존재한다는 걸 알게 된 건 차이나펀드에 가입한 지 반년쯤 지났을 때였다. 연금저축펀드에 가입하면 주식에 투자하는 데다가 연말정산 세액공제로 일정 금액을 돌려주기까지 한다니 이거야말로 일석이조였다.

이미 원금손실의 위험을 감수하고 펀드에 가입한 경험이 있어 연금저축펀드는 좀 더 쉽게 가입을 결정할 수 있었다. 그사이에 증권사에서 생애 첫 CMA 계좌도 가입해 둔 상황이었다. 나는 얘기를 듣자마자 필요한 서류를 확인한 뒤 바로 증권사에 방문했다.

"저 연금저축펀드 가입하러 왔는데요."

"아 그러세요? 잠시만요. 담당 직원분 연결해 드릴게요."

그 당시만 해도 증권사는 주식투자를 하지 않는 일반인들에게는 굉장히 낯선 곳이었다. 나는 CMA 계좌를 개설하기 전까지 증권사는 주식에 투자하는 사람들만 이용하는 곳이라고 생각했다.

그 당시 돈을 넣어 놓기만 해도 3% 가까운 이자를 준다는 계좌가 있다는 소문을 듣고 처음 증권사를 방문해 CMA 계좌를 개설했다. 그리고 실제로 그 계좌에서 바로 주식 거래가 가능하다는 걸 모른 채 10년 이상 현금을 보관하는 파킹통장으로 사용했다.

나는 담당 직원이 연결되기를 기다리는 동안 안내데스크 앞에서 기다렸다. 주위를 둘러보니 뉴스에서만 보던 장면이 눈앞에 펼쳐졌다. 큰 전광판에 회사 이름과 실시간 주가가 빽빽하게 채워져 있었다. 나이 불문하고 많은 사람이 로비에 있는 소파에 앉아 전광판을 쳐다보고 있었다. 지금은 더 이상 보기 힘든 객장의 모습이었다.

"이쪽으로 들어오세요."

젊은 남자 직원이 나왔다. 그가 안내하는 곳으로 따라가니 은행같이 업무 보는 창구가 아니라 직원들이 일하는 사무공간이었다. 그 직원이 안내하는 책상으로 가서 설명을 듣고, 서류에 사인을 하고, 몇 가지 절차를 거쳐 연금저축 펀드에 가입했다.

직장인 연금저축으로 1억 모으기

2009년 당시에는 연금저축펀드 상품에 가입하면 그 상품으로 연말정산 세액공제를 받을 수 있었다. 그러다 2013년 3월 연금저축계좌가 생기면서 지금처럼 계좌 안에서 다양한 상품을 투자할 수 있는 형태가 됐다. 연금저축이라는 개념 자체가 생소했던 그 시절, 증권사에서 연금저축펀드에 가입했던 나는 소위 말하는 연금저축펀드 얼리어답터였다.

나도 금융문맹이었다

"연금저축펀드 해지해 주세요."

"연금저축펀드 해지하시면 연말정산 세액 공제받으신 16.5% 세금 뱉어내셔야 해요."

"네, 괜찮아요. 해지해 주세요."

연금저축펀드에 가입하고 매년 198,000원의 세액공제를 받았다. 그 당시 연봉이 5,500만 원 이하여서 16.5%가 적용됐다. 만약 연봉이 5,500만 원 초과였다면 13.2%인

158,400원을 돌려받았을 텐데 연봉이 낮은 덕에(?) 39,600원이나 더 혜택을 받을 수 있었다.

1년에 120만 원을 불입하고 198,000원을 돌려받는 건 정말 큰 세제 혜택이다. 어느 곳에 투자해도 매년 이런 수익률을 기록한다는 건 생각만큼 쉽지 않다. 문제는 이걸 그때 깨닫지 못하고 인생을 한참 살고 난 지금에서야 깨달았다는 사실이다.

나는 나름 돈을 잘 모으는 편이었고, 크게 사치하는 편도 아니었다. 실행이 빠른 편이라 좋다고 판단되는 건 바로바로 실행에 옮기는 편이었다. 누구보다 노후를 걱정했고 준비하고 싶었으며, 돈을 빨리 모으고 싶었다.

적금, 펀드, 보험 등 일단 혹하는 것들은 크게 고민하지 않고 가입했다. '일단 가입하면 어떻게든 유지하겠지' 하는 생각에 마음이 앞섰다. 사업비를 따져보기는커녕 의무 납입기간이 끝날 때까지 제대로 불입할 수 있을지 계산하지도 않았다. 무지한 경제관념, 빨리 부자가 되고 싶은 조급함, 미친 실행력의 결정체라고 해야 하나.

연금저축펀드에 가입하고 매월 10만 원씩 자동이체를 설정했다. 매월 자동 출금되다 보니 내가 연금저축펀드에 가입했다는 사실조차 잊고 지냈다. 그러다 원천징수영수증을 받으면 '아, 내가 연금저축펀드에 가입했었지' 하고 일 년에 한 번 인지했다.

그 당시에는 연금저축펀드로 공제받는 198,000원이 나에게는 미비한 것이었다. 매년 13월의 월급이라 불릴 만큼 정말로 한 달 치 월급만큼 세금을 돌려받았었기 때문이다. 세금을 많이 돌려받는다는 건 그만큼 내가 세금을 많이 냈다는 것인데 나는 공돈인 것처럼 신이 났었다. 거기에 포함된 198,000원은 있어도 그만, 없어도 그만인 의미 없는 돈이었다.

여기서 잠깐 언급해 보자면, 그 당시엔 매년 고정적으로 성과 보너스가 나왔다. 급여를 작업할 때 특정 달에 성과급으로 큰 금액을 넣으면 급여 프로그램에서 소득세가 30% 정도로 계산되어 차감된다. 1,000만 원을 받으면 실수령액이 700만 원인 것이다. 이때 300만 원은 당연히 버리는 돈은 아니고 미리 낸 세금이기 때문에 연말정산 후 차액만큼은 돌려받게 된다. 몇백만 원이나 되는 돈을 이자도 없는 나라의 곳간에 고이 모셔두는 상황인 것이다.

기계적으로 5년 정도 세액공제를 받으며 연금저축펀드

를 유지했다. 몇십만 원 더 납입할 수 있는 여력이 있었음에도 그런 생각을 하지 못했다. 그러다 어느 날 개인적인 사정으로 목돈이 필요한 사건이 발생했다. 그때 가장 먼저 떠오른 것이 연금저축펀드였다.

'아, 연금저축펀드 가입한 게 있었지. 얼마나 모았으려나. 헉, 600만 원? 대박!!'

연금저축펀드는 어느덧 600만 원이라는 목돈이 되어 있었다. 나는 공돈을 발견한 듯이 신이 나서 바로 증권사에 전화를 걸어 해지를 요청했다. 담당 컨설턴트는 그동안 공제받은 세액을 다 뱉어내야 한다며 다시 생각해 볼 것을 재차 권했다.

'아니 뭔 상관이람. 어차피 생돈 내는 것도 아니고 그동안 내가 받은 돈 뱉어내는 건데. 당장 돈이 필요하니 어쩔 수 없지.'

당장 돈이 필요했기 때문에 뱉어내는 세금 16.5%는 아깝지 않았다. 그동안 받은 걸 내는 거니까. 그리고 뱉어내는 세금보다 당장 내 수중에 들어오는 6백만 원가량의 돈이 더 중요했다.

그런데 문제는 급해서 해지할 수밖에 없었더라도 다시 재가입했어야 했다. 하지만 나는 매년 16.5%를 돌려주는 훌륭한 재테크의 수단인 연금저축펀드와 이별했다.

시간이 주는 선물 '복리'의 개념이 전혀 없었다. 돈을 모으고 싶다는 욕심에 늘 마음이 앞섰다. 장기상품에 덜컥 가입하고 열심히 저축하다가 돈이 필요하면 해지하기를 반복했다. 몇 년을 유지하고도 원금에 미치지 못하는 돈을 돌려받기 일쑤였다.

'금융문맹'이라는 말이 있다. 금융문맹이란 금융을 이해하는 능력이 부족한 사람을 의미한다.

부지런히 장기상품에 가입하고, 돈을 열심히 모으고, 다시 해지하기를 반복하면서 나의 자산은 늘 제자리를 맴돌고 있었다. 장기상품에 대한 이해와 금융 지식이 전혀 없었던 나는 구제가 필요한 진정한 '금융문맹'이었다.

증권사에서 연금저축에 가입한다고?

    2015년, 연금저축펀드를 해지하고 난 후 그런 상품에 가입했었는지조차 생소할 만큼 까맣게 잊고 지냈다. 100만 원이 넘는 세금도 쿨하게 뱉어내는 내가 연말정산 세액공제 198,000원을 덜 돌려받는 건 조금도 신경 쓰이는 일이 아니었다. 그렇게 시간이 흘러갔다.

    나이가 들면서 연차도 쌓이고 연봉도 올랐다. 연봉이 오르니 자연스럽게 세금도 많이 내게 됐다. 전체적으로 받는 연봉은 이전보다 확실히 높았다. 그런데 회사를 옮기고 나서 달라진 점이 있다면 성과급을 못 받게 됐다는 것이다.

성과급을 받지 못하다 보니 이전처럼 한 번에 20~30%씩 떼던 소득세를 떼지 않는다는 장점이 있었다. 그런데 매월 급여만큼 소득세를 떼다 보니 연말정산에서 돌려받기는커녕 세금을 토해내기 일보 직전인 상황이 됐다.

세금을 덜 내고 덜 받는 것까지는 좋은데 토해내는 건 안 될 일이었다. 기본 소득세를 내더라도 100만 원 정도는 돌려받아야 직장인으로서 1년을 버틸 에너지가 생기지 않겠는가. 나는 그동안 관심이 전혀 없었던 원천징수영수증을 뜯어보기 시작했다.

아무리 뜯어봐도 공제받을 수 있는 항목이 없었다. 세금을 더 내든가 아니면 그냥 외줄 타듯 조마조마한 마음으로 매년 연말정산을 기다릴 수밖에 없었다. 그러던 와중에 은행에 여기저기 붙어있는 IRP 홍보지를 보게 된 것이었다.

IRP에 가입하고 유튜브를 보다가 메리츠자산운용에서 앱을 출시한다는 소식을 들었다. 연금저축펀드에 가입하면 좋다는 건 알았지만, 구체적인 방법을 모르고 있던 나에게 좋은 소식이었다.

앱을 설치한 후 비대면으로 연금저축계좌를 개설하고

펀드를 매수했다. 투자할 펀드를 결정하고 자동이체를 설정하기까지 긴 여정이었다. 모든 게 새로웠고, 그랬기에 단계마다 이해하고 실행하기까지 많은 시간과 에너지가 소모됐다.

자산운용 앱에서 직접 펀드에 가입하면 좋은 점은 수수료가 낮다는 것이다. 자산운용에서 출시한 펀드를 은행이나 증권사에서 가입하면 당연히 은행이나 증권사에 판매 수수료를 내기 때문이다.

그 시기에 나는 매번 새롭게 알게 되는 금융 지식을 습득하기에 급급했다. 한두 번 들어서 이해하기가 힘들었기 때문에, 여러 개의 영상을 찾아 여러 번 반복해 봐야 했다.

우여곡절 끝에 메리츠자산운용에 연금저축계좌를 개설했을 땐, 그것만으로도 가슴이 벅차올랐다. 몇 개의 펀드를 선택하고 매월 적립식으로 400만 원을 채웠다. 그때 나 스스로 느꼈던 성취감은 이루 말할 수 없었다.

그렇게 2년이란 시간이 흘렀다. 펀드 수익률은 꽤 안정적이었다. 하지만 문제는 연말정산 한도인 400만 원을 전부 메리츠자산운용에서 운용하다 보니, 선택의 폭이 해당 운용사에서 만든 펀드로 제한된다는 것이었다.

처음엔 그걸 인지하지 못했는데, 금융 지식이 쌓여갈수록 좀 더 다양한 상품으로 투자하고 싶다는 생각이 들었다. 그때 증권사에서 연금저축계좌를 개설할 수 있다는 걸 알게 됐다.

증권사에서 연금저축계좌를 개설하면 개별주식을 제외한 대부분의 증권사 상품을 연금저축계좌에서 운용할 수 있다. 모든 운용사에서 만든 다양한 펀드와 상장된 ETF 등의 실적배당형 상품에 다양하게 투자할 수 있는 것이다.

연금저축에서 투자할 수 있는 상품을 살펴보면 다음과 같다.

1. 100% 주식형 상품
2. 일반펀드나 ETF

다음과 같은 상품은 투자할 수 없다.

1. 예금 같은 원리금 보장 상품
2. 레버리지나 인버스 등 리스크가 큰 ETF 투자

증권사에서 이미 IRP 계좌를 개설해서 운용하고 있었는데, 연금저축계좌를 개설할 수 있다는 것은 2년이 지나서야 알게 됐다. 다들 이런 정보는 어디에서 귀신같이 얻는 건지 그저 신기할 따름이었다.

나는 담당 컨설턴트와 상의한 뒤, 바로 비대면으로 연금저축계좌를 개설했다. 연금저축계좌를 개설하고 나면 타 기관에 있는 연금저축을 가져올 수 있다.

"컨설턴트님, 저 이번에 연금저축계좌 개설했거든요. 지금 메리츠자산운용에 투자하고 있는 자금 이전해 오고 싶습니다."

"아, 그러세요? 간단합니다. 먼저 앱을 열어보세요. 연금저축 메뉴를 보면 '연금저축 가져오기'라고 있어요. 그것만 신청해 주시면 됩니다."

담당 컨설턴트에게 요청하면 타기관과 확인하고 몇 가지 절차를 거쳐 자금을 가져오게 된다. 나는 타 기관에서 걸려 오는 전화에 자금을 이체한다는 내용만 확인해 주면 되었다. 내가 특별히 할 일은 없었다. 생각보다 간단한 일이었다.

다만, 현물이전은 안되기 때문에(2024년 11월 기준 현물이전 제도 도입됨) 투자하고 있던 모든 펀드를 매도한 뒤 현금화

103

3장 연금저축은 증권사에서

를 해놓아야 했다. 처음부터 완벽할 수는 없지만 장기투자를 시작할 때 잘 알아보고 결정해야 하는 이유가 이것이다.

나는 매번 방향을 바꿀 때마다 투자하고 있던 상품을 강제로 매도해야 했다. 현물이전이 안됐기 때문에 운용사를 바꾸려면 선택의 여지가 없었기 때문이었다. 만약 내가 처음부터 증권사에서 연금저축계좌를 개설하고 다양한 상품에 투자했다면 지금보다 높은 수익률을 달성할 수 있었을 것이다. 굳이 복잡한 시행착오를 겪을 필요가 없었다는 아쉬움이 몰려왔다.

메리츠자산운용에서 투자한 연금저축펀드가 1,000만 원을 향해 가고 있었다. 그 돈은 안전하게 나의 증권사 연금저축계좌로 이전되었다.

본격적인 ETF 투자를 시작하다

'타 기관 연금저축 자금이 이관 완료되었습니다.'

1,000만 원이란 돈이 증권사 연금저축계좌로 이전됐다. 이제 투자할 수 있는 상품이 다양해졌다. 나는 다시 시작하는 마음으로 좀 더 잘해보고 싶었다.

이전까지 일반 CMA 계좌에서 ETF를 매수했었다. 2019년 당시 우리나라에는 새로운 ETF 상품들이 앞다투어 출시되었다. 지수를 추종하는 S&P 500, 나스닥100, 코스피

200, 필라델피아 반도체부터 차이나 전기차, 원유, 곡물 등 다양한 테마성 상품도 있었다.

두세 개를 정해서 꾸준히 매수했다면, 상품에 따라서 좋은 성과를 낼 수 있었을 것이다. 하지만 그러기엔 새로운 상품이 계속 출시되었고, 설명을 들으면 다 좋아 보였다.

나는 좋아 보이는 ETF를 발견하면 매수했다가 더 좋아 보이는 ETF를 알게 되면 이전 걸 매도하고 새로운 걸 다시 매수했다. 그러다 보니 '샀다 팔았다'를 반복하게 되었고, 그 횟수는 더 잦아졌다. 만약 펀드였다면 월 자동이체를 걸어놓고 그냥 잊고 지냈을 텐데….

심지어 나는 개별주식으로 투자했던 삼성전자도 펀드처럼 매월 일정 금액을 적립식으로 매수했다. 그런데 무슨 이유에서인지 ETF는 자꾸 '샀다 팔았다'를 반복하게 됐다. 아무래도 만 원대의 저렴한 가격으로 다양한 상품을 실시간으로 거래할 수 있다 보니 그러지 않았을까 추측한다.

하지만 연금저축계좌는 적어도 10년 이상 운용을 해야 한다. 애초에 장기투자를 해야 한다고 생각하니 마음가짐이 달라졌다. 단기수익에 연연할 필요도 없었다. 많은 에너지를 투입하지 않고 안정적으로 투자하려면 포트폴리오가 중요하다는 생각이 들었다. 포트폴리오를 잘 구성해 놓으면 그 이후부터는 매월 일정 금액을 기계적으로 매수하면 되기 때문이다.

나는 장기적으로 투자하기에 메리트가 있는 상품이 뭘까 고민하며 다양한 상품을 조사했다. 그러다 강방천 회장이 설립한 에셋플러스 자산운용을 알게 됐다. 에셋플러스는 그 당시만 해도 10개가 되지 않는 소수의 펀드로 운용되고 있는 운용사였다. 상품을 많이 만들지 않고 소수의 펀드에 정성을 다한다는 느낌이 들었다.

신뢰가 간다는 생각으로 회사에 대해 이것저것 알아보고 투자를 결심했다. 때마침 처음으로 액티브 ETF 시리즈를 출시한다는 소식을 듣고 상품소개 관련 영상을 주의 깊게 들었다.

처음으로 출시된 액티브 ETF는 '에셋플러스 글로벌플랫폼액티브'였다. 플랫폼 비즈니스 모델이라는 것은 공급 단계별 전문화와 분업화가 일어남에 따라, 플랫폼 비즈니스 모델이 각 영업을 담당하고 있는 형태를 말한다. 해당 ETF는 이 중 독보적 우위를 보이는 플랫폼 기업에 집중적으로 투자한다. 그 대표적인 기업이 테슬라이고, 해당 ETF는 테슬라를 단일 종목으로 25% 담고 있다.

그렇지 않아도 테슬라에 투자하고 싶던 참이었다. 정작

테슬라에 직접 투자하지는 못하고 아쉬웠던 찰나에 이런 ETF가 출시되어 반가웠다. 나는 일단 '에셋플러스 글로벌 플랫폼액티브' ETF를 연금저축계좌에 담았다. 그 외에 초기에 내가 연금저축계좌 포트폴리오에 담은 상품들은 다음과 같다.

KODEX 미국 S&P 500TR
KODEX K-로봇액티브
TIGER 미국필라델피아반도체나스닥
TIGER 글로벌리튬&2차전지SOLACTIVE(합성)
에셋플러스 글로벌플랫폼액티브

ETF 상품들을 지속적으로 모니터링하면서 포트폴리오를 관리해 나갔다. 상품에 확신이 안 들거나 주가가 부진하면 해당 ETF를 퇴출하고 새로운 상품을 편입했다. 매월 적립식으로 다양한 ETF를 매수하다 보니 수익에 차이는 있었지만, 전체적으로 마이너스는 나지 않았다.

ETF는 개별종목에 투자하는 것이 아니라 수익과 손실이 특정 지수의 흐름에 연결되는 상품이다. 형태가 주식으로 되어 있어 주식처럼 거래할 수 있다. ETF 자체도 개별종목이 아니라 코스피와 같은 전체 평균 점수에 투자하는 상품인데, 이런 상품을 여러 개 담아 포트폴리오를 구성하니 큰 스트레스 없이 비교적 안정적인 수익으로 운용할 수 있었다.

연금저축계좌에서 수익률은 2가지로 구분이 되어 있다. 납입원금 기준과 매수금액 기준이다. 계좌 내에서 상품을 매도하고 다시 매수하게 되면 납입원금과 매수금액은 차이가 발생한다.

현재 나의 납입원금 기준 수익률은 +28.39%를 기록하고 있다. +28.39%의 수익률이 지금 나의 현재 포트폴리오의 결과물은 아니다. 지금까지 과정의 결과물인 것이다.

최근에 그동안 공부한 ETF 상품을 바탕으로 장기적 관점에서 포트폴리오를 재구성하였다. 기본 지수 상품으로 안정성을 방어하고, 전망이 있다고 생각하는 테마성 상품을 적절히 혼합했다.

현재 시점으로 연금저축계좌에서 내가 운용하고 있는 포트폴리오에 담겨있는 ETF는 다음과 같다. 물론 자주는 아니겠지만 앞으로도 주기적으로 변경될 것이다.

ACE KRX금현물

KODEX 200TR

KODEX S&P500

KODEX 미국나스닥100

KODEX 인도Niftty50

TIGER 미국채10년선물

에셋플러스 글로벌플랫폼액티브

에셋플러스 차이나일등기업포커스10액티브

개인적으로 너무 분산되는 투자는 원치 않아서 10개 미만의 상품으로 운용하고 싶었다. 그런데 ETF 상품의 종류가 워낙 많고 선택의 폭이 넓다 보니 10개 미만으로 줄이기가 쉽지 않았다. 좋아 보이는 상품을 이것저것 담다 보니 어느덧 연금저축계좌에 20개 가까운 상품이 담겼다.

다 좋아 보여 뭐 하나 빼기는 애매했지만, 그렇다고 한정된 금액에서 상품 개수가 늘어나니 개별종목에 투자되는 금액이 적었다. 그래서 시간이 걸리더라도 상품을 비교해 보기로 했다. 비슷한 유형의 상품을 엑셀에 정리했다. 순자산 규모, 보수료, 수익률 그리고 구성종목을 나열했다. 여기서 자장 중요한 것이 구성종목인데, 막상 구성종목을 비교해 보니 상품은 다르지만 중복되는 종목이 많았다. 일단 종목이 비슷한 상품들끼리 분류한 뒤 그 안에서 보수료가 낮고 순자산 규모가 큰 대표 상품을 선택했다. 이렇게 상품을 비교하면서 줄여가니 10개 정도의 상품으로 포트폴리오를 구성할 수 있게 됐다.

참고로 과거엔 상품을 비교하려면 내가 직접 엑셀에 매뉴얼로 정보를 넣어 확인했어야 했다. 하지만 이제는 더 이상 그럴 필요가 없다. 삼성자산운용에서 출시한 FunETF 앱을 다운받으면 ETF 상품들을 손쉽게 비교할 수 있다.

지금부터 10년 이상 운용해야 하는 연금저축을 나만의 ETF 포트폴리오로 투자하다 보니 마음이 든든하다. 이것이 내가 나의 10년 뒤를 기대하게 되는 이유 중 하나이다.

1순위는 연금저축이다

　세상엔 많은 금융상품이 존재하고 상품마다 다양한 기능을 제공하고 있다. 내 경험상 그중 어떤 한 가지 상품이라도 상품에 담긴 기능을 100% 알고 활용하기란 쉽지 않다. 좋은 상품에 가입해 놓고도 기능을 몰라 제대로 활용하지 못하는 경우가 많다.

　시간이 지나 내가 가입했던 상품의 여러 기능을 알게 되었을 때 제대로 활용하지 못해 안타까웠던 경험은 일일이 나열할 수 없을 만큼 많다. 그런 경험이 쌓일수록 귀찮더라도 내가 가입한 상품에 관해 관심을 두고 지속적으로 학습할 자세를 갖게 된다.

만약 누군가가 나에게 사람들이 이것만큼은 꼭 알았으면 좋겠다는 상품이 뭐냐고 묻는다면 나는 망설임 없이 '연금저축'이라고 얘기할 것이다. 나에게 연금저축은 까면 깔수록 새로운 양파 같은 상품이기 때문이다.

처음 연금저축에 가입했을 땐 연말정산 세액공제 받는 목적이 전부였다. IRP에 연금저축 한도가 포함되어있다는 사실을 알게 된 것만으로도 놀라웠다. 매년 주어지는 세액공제 한도 900만 원 중에 연금저축에 해당하는 한도 600만 원을 채우는 게 유일한 목적이었다.

그런데 그것뿐만이 아니라 연금저축계좌는 알면 알수록 무조건 활용해야 하는 계좌라고 할 수 있을 만큼 사람들이 잘 모르는 기능들이 있다. 나는 그 기능들을 정확히 이해하고 나서 세액공제 한도 금액인 600만 원을 넘어 매년 납입할 수 있는 납입한도 1,500만 원을 꽉 채우고 있다.

5년 이상 가입하고 만 55세 이후에 연금으로 10년 이상 수령해야 하는 장기상품에 매년 1,500만 원을 낸다고 하면 주위 사람들은 깜짝 놀라곤 한다.

"아니, 연금저축에 그 많은 돈을 냈다가 55세까지 유지 못하면 어쩌려고?"

"중간에 해지하면 세금 받은 건 다 토해내야 하는 거 아냐?"

"어휴, 나도 그만한 여윳돈이 있으면 좋겠다. 넣고 싶어도 돈이 있어야 말이지."

몇 년 전만 해도 나도 같은 생각을 하는 사람 중 한 명이었다. 세액공제 혜택을 받기 위해 마지못해 꾸역꾸역 한도를 채우는 데 급급했다. 그런데 양파같이 까면 깔수록 연금저축의 새로운 기능을 알게 되면서 자연스럽게 다른 상품들보다 연금저축계좌를 1순위로 활용하게 됐다.

내가 연금저축 한도 1,500만 원을 채우게 되기까지 알게 된 연금저축의 기능에 관해 얘기해 보면 다음과 같다.

1. 각종 세제 혜택

연금저축에 가입해야 하는 가장 큰 이유는 단연코 세제 혜택이다. 연금저축으로 받을 수 있는 세제 혜택은 단계별로 연금 불입시, 운용 기간, 연금 수령 시로 나눌 수 있다.

(1) 먼저 연금저축은 연간 납입한 금액의 600만 원까지

13.2% 또는 16.5%의 연말정산 세액공제를 받을 수 있다. 금액으로는 최대 99만 원이다. 여기서 말하는 연간 납입 금액이라는 것은 12개월 기준이 아닌, 말 그대로 연도별 기준이다. 연금저축의 당해 연도 납입 한도는 매년 1월 새로 발생한다. 예를 들어, 2024년 11월 600만 원을 납입했더라도 2025년 1월에 새로운 한도가 발생한다. 그렇기 때문에 2025년 1월에 당해 연도 한도 분인 600만 원을 다시 납입할 수 있다.

⑵ 또 다른 장점은 운용하는 동안 과세 이연, 쉽게 말하면 세금을 내야 하는 시기가 나중으로 미뤄진다는 것이다. 일반계좌에서 펀드나 ETF에 투자하는 경우, 분배금 또는 매도 시 발생하는 매매차익에 대해 배당소득세 15.4%를 바로 내야 한다. 하지만 연금저축을 통해 발생한 수익에 대한 세금은 나중에 연금을 받을 때까지 미뤄져 그 돈까지 재투자할 수 있다는 장점이 있다.

⑶ 운용하는 동안 미뤄진 세금은 연금을 수령할 때 연금소득세로 내게 되는데, 나이에 따라 3.3~5.5%로 저율

과세된다. 이 혜택이 연간 1,500만 원까지 적용된다. 한 해에 연금으로 수령하는 금액이 1,500만 원을 초과한다면 초과 금액에 대해서는 종합과세 또는 16.5% 분리과세 중 하나를 선택해 세금을 납부할 수 있다.

2. 대출 서비스 기능

처음 연금저축계좌에 가입할 때 직원분이 나중에 필요한 경우 연금저축펀드를 담보로 대출을 받는 것도 가능하다고 얘기했었는데 그 당시에는 흘려들었다. 노후자금으로 쓸 건데 뭘 대출까지 받겠냐는 생각이었는데 장기적으로 봤을 때 대출 역시 꼭 알아둬야 하는 기능이라고 생각한다.

과거 나의 경험에 비추어 보면, 장기상품에 가입했지만, 급전이 필요한 경우가 생기면서 상품을 해지하곤 했다. 살면서 무슨 일이 갑자기 생길지 모르기 때문에 상품을 해지하지 않고 순간적인 고비를 넘기기 위해서 대출은 알아두면 좋은 기능이다.

다만, 내가 최근 들어서야 알게 된 사실은 연금저축계좌 안에서 투자하고 있는 펀드 상품을 담보로만 대출이 가능

하다는 것이다. ETF를 담보로는 대출이 불가능하다. 연금
저축계좌 내 펀드 평가금액의 50%(최대 4,000만 원 한도)로
대출이 가능하며 앱이나 전화로 간단하게 신청할 수 있다.

3. 자유로운 입출금 기능

양파의 가장 속에 숨겨져서 껍질을 다 까야 나오는 연금
저축의 보물 같은 기능은 바로 자유로운 입출금 기능이다.
연금소득세까지는 몰라도 연말정산 세액공제 혜택은 누구
나 다 아는 양파의 겉껍질이다. 대출 서비스는 그다음 중
간 껍질이라고 할 수 있다. 그런 뒤 나오는 자유로운 입출
금 기능은 정확히 알고 있는 사람이 많지 않은 핵심 기능
이며, 결론적으로 내가 매년 1,500만 원까지 한도를 채우
게 된 결정적인 이유다.

연금저축은 IRP와 달리 계좌를 해지하지 않고 55세 이
전에도 언제든 필요한 만큼 인출이 가능하다. 이때 연말정
산 세액공제 받았던 세금과 과세 이연됐던 세금은 당연히
차감된다.

하지만, 출금할 때 차감되는 세금을 최소화하기 위해서
세율이 낮은 적립금부터 인출되기 때문에 내가 세액공제
받지 않은 추가 적립금 900만 원에 대해서는 일반계좌처

럼 입출금이 자유롭다. 즉, 주식을 직접 투자하지 않고 나처럼 ETF나 펀드를 투자할 경우, 일반계좌에서 투자할 이유가 전혀 없는 것이다.

　그동안 일반계좌 여기저기에 흩어져 푼돈처럼 느껴졌던 자금을 하나하나 정리해서 연금저축계좌로 옮겼다. 어설프게 투자하던 주식투자도 현금화한 뒤 연금저축계좌로 옮겨 ETF로 분산투자하고 있다. 어느 정도 자금이 모여 목돈이 되니 돈이 불어나는 게 느껴졌다.

　연금저축은 월급쟁이 신분으로 목돈을 모으고 노후 준비를 할 수 있는 좋은 수단이다. 많은 사람이 장기상품이라는 고정관념을 버리고 연금저축의 기능을 효과적으로 활용하길 기대해 본다.

꼭 직장인일 필요는 없다

"여보, 종합소득세 신고할 때 연금저축 세액공제 받을 수 있는 거 알아?"

"글쎄, 잘 모르겠는데. 그런 게 있어?"

연금저축에 관심을 두고 열심히 한도를 채우던 어느 날 눈에 들어오는 문구가 있었다. 총급여 5,500만 원이라는 글자 옆에 붙어있는 종합소득 4,500만 원 이하였다. 그동안은 내 코가 석 자라 직장인과 상관없는 종합소득이라는 단어까지 신경 쓸 여유가 없었다. 그런데 내 한도를 채우고 나니 '종합소득'이라는 단어까지 관심을 두는 여유가 생겼다.

'종합소득'이라는 것은 근로소득을 포함한 다른 소득을 의미하고 종합소득이 있다는 것은 매년 5월 종합소득세를 신고해야 한다는 의미이다.

남편은 '종합소득'이 있는 자영업자이다. 하지만 남편이 이제껏 연금저축 세액공제 혜택을 받을 수 있는 대상자임을 몰랐다. 심지어 근로소득만 있는 경우에는 총급여 5,500만 원 이하일 때 공제율이 16.5%이고, 종합소득이 있는 경우에는 종합소득 4,500만 원 이하일 때 공제율이 16.5%로 종합소득 세제 혜택이 더 유리하다.

남편도 종합소득세 신고를 통해 연금저축 세액공제 혜택을 받을 수 있다는 사실을 최근에야 알게 됐다. 이 사실을 깨달은 순간 아차 하는 마음이 들었다. 내가 내 연금저축계좌에 불입했던 1,800만 원 중 세액공제 한도는 900만 원까지여서 만약 남편 명의로 계좌를 열고 각자 900만 원씩 나눠서 신고했다면 100만 원 정도의 세금을 더 돌려받을 수 있었기 때문이다.

미리 알았다면 좀 더 일찍 고민해서 좀 더 많은 세제 혜택을 받을 수 있지 않았을까 하는 아쉬움이 몰려왔다. 이처럼 연금저축은 직장인이 아니어도 자영업자를 비롯하여 누구나 세제 혜택을 받을 수 있다. 직장인이 아닌 사람들이 연금저축을 활용할 수 있는 방법을 정리해 보면 다음과 같다.

1. 자영업자

종합소득세를 신고하는 자영업자의 경우 직장인과 마찬가지로 연간 900만 원의 연금저축 세액공제를 받을 수 있다. 900만 원의 한도는 IRP 300만 원을 포함하고 있다. 종합소득 4,500만 원 이하일 때 공제율이 16.5%, 종합소득 4,500만 원 초과일 때 13.2%로 최대 1,485,000원까지 돌려받을 수 있다. ISA 만기 자금 역시 직장인과 같은 조건으로 세액공제 혜택을 받을 수 있다.

2. 주부

소득이 없는 주부의 경우라면 세액공제 혜택을 받을 수 없다. 하지만, 세액공제를 제외하고도 연금저축은 노후 준비를 하기 위한 좋은 수단이다. 이자·배당세와 매매차익에 대한 과세이연으로 세금을 재투자하면서 복리 효과를 누리다가 연금 수령 시 3.3~5.5%의 연금소득세를 내면 된다. 그뿐만 아니라 세액공제 받지 않은 투자 금액은 언제든 자유롭게 인출할 수 있기 때문에 장기로 돈이 묶인다는 부담감에서도 자유롭다.

3. 미성년자 자녀

미성년자 자녀도 연금저축 가입이 가능하다. 미성년자 자녀가 연금저축 가입이 가능하다는 건 오래전부터 알고 있었다. 하지만 수령 가능 나이인 55세가 아직 한참 남은 어린아이에게 굳이 연금저축에 가입할 필요가 있느냐는 생각에 가입하지 않았었다. 게다가 소득이 없는 아이들은 연금저축의 가장 핵심인 연금저축 세액공제 혜택도 받지 못하지 않는가. 그렇지만 제대로 혜택을 받지도 못하고 자금만 장기로 묶인다는 생각은 연금저축의 기능을 제대로 알지 못해서 생긴 오해였다. 미성년자 자녀가 연금저축에 가입하면 다음과 같은 기능을 활용할 수 있다.

(1) 자유로운 입출금

연금저축은 세액공제를 받지 않은 금액에 대해서는 언제든 자유롭게 인출이 가능하다. 아이들은 소득이 발생하

122
직장인 연금저축으로 1억 모으기

기 전까지 세액공제를 받지 않기 때문에 납입 원금에 대해서는 언제든 불이익 없이 원금을 인출할 수 있다. 다만, 이자·배당 받은 금액을 인출하게 되면 비과세 혜택 받은 세금을 토해내야 한다. 그렇다고 내가 자금을 인출할 때 원금을 인출할지 이자·배당을 인출할지 선택할 필요는 없다. 인출은 자동으로 세금이 0%인 자금부터 순차적으로 출금되기 때문이다.

(2) 납입 연도 전환 특례제도

납입 연도 전환 특례제도란 세액공제 한도를 초과해 납입한 연금 계좌의 저축 금액에 대해 다음 연말정산 때부터 세액공제를 신청할 수 있는 제도이다. 올해 납입금이 없어도 과거에 납입했던 금액을 마치 올해 납입한 금액처럼 전환해 세금 혜택을 볼 수 있는 방식이다. 이 말인즉, 미성년자 아이가 당장은 소득이 없더라도 연금저축에 불입한 자금을 소득이 발생한 이후에 세액공제로 혜택을 볼 수 있다는 것이다. 이 기능까지 알고 난 뒤 나는 두 아이의 모든 자금을 연금저축계좌로 이전했다. 현재는 미국 주식을 제외한 모든 자금은 연금저축으로 운용하고 있다.

덧붙여 말하자면, 요즘은 직장인이라도 급여 외 수입을 창출하는 사람들이 많다. 급여 외 수입이 발생하는 경우 연말정산과 별개로 종합소득세 신고도 해야 한다. 이 경우 무조건 연말정산 세액공제만 생각할 것이 아니라 연말정산과 종합소득세 중 어디에서 연금저축 세액공제를 받는 것이 유리한지 따져볼 필요가 있다. 만약 종합소득세에서 세액공제를 받는다면 연말정산에서는 해당 항목을 삭제함으로써 중복공제를 피할 수 있다.

당장 올해부터 남편 앞으로 연금 계좌를 개설하고 900만 원을 불입하면 최대 1,485,000원을 돌려받을 수 있다고 생각하니 마음이 급해진다. 내 계좌에는 이미 세액공제 받지 않은 금액 3,500만 원이 있기 때문에 더 이상 불입하지 않아도 4년 동안은 900만 원 한도로 연금저축 세액공제 혜택을 받을 수 있다. 남편 명의로 한도를 우선 채운 후, 내 명의의 연금저축은 납입 연도 전환 특례제도를 이용해야 할지, ISA 계좌에 있는 자금을 이전해야 할지, 아니면 남은 여유자금만이라도 채워야 할지, 충분히 고민해 보고 올해 안에 결정해야겠다.

이처럼 공부하면 할수록 누릴 수 있지만 몰라서 놓치고

있는 절세제도가 생각보다 많다는 걸 느낀다. 직장인은 연말정산 세액공제로, 자영업자는 종합소득세 세액공제로, 주부는 과세이연으로, 미성년자는 납입 연도 전환 특례제도로 연금저축을 활용해 보자. 오늘 실현하는 한 푼의 절세가 내 노후를 좀 더 풍요롭게 해줄 것이다. 아는 만큼 보인다. 지금부터 관심을 두고 공부를 시작해 보자.

투자에 도움 되는 뚜벅이 직장인의 습관

7시 20분. 전철역 도착.

나는 인덕원역에서 승차해 삼성역에서 하차한다. 중간에 사당역에서 한 번 환승하는 노선이다. 인덕원역에 도착하는 순간 휴대폰을 잽싸게 켜고 환율을 체크한다. 대략적인 방향성 정도만 인지한 뒤 매일 아침 경제뉴스를 스크랩해주는 블로그 '츄우의 부자되기 습관'을 방문한다.

꼭 필요한 뉴스만 스크랩되어 있어 이것저것 찾지 않고 바로 집중해서 전반적인 소식을 접할 수 있다. 처음엔 제목을 읽는 것만으로도 시간이 한참 걸렸는데 이제는 익숙해졌다. 시간 관계상 집중해서 헤드라인을 한번 훑어본다. 그런 후 내가 관심 있는 기사가 있다면 그 기사를 클릭해서 전체적인 기사 내용을 자세히 읽어본다. 사당역 도착 전까지 뉴스를 보는 것을 목표로, 최대한 임팩트 있게 뉴스를 보고 감사의 하트를 누른 뒤 블로그에서 나온다.

사당역에서 2호선 지하철을 기다린다. 종이책을 꺼내거나 e-book을 연다. 종이책을 보는 걸 선호하지만, 무게 관계상 e-book을 보는 경우도 많다. 책의 종류는 다양하게 읽고 싶은 책을 읽는데, 최근엔 블로그로 수익화하는 책을 읽고 급여 외의 부수입에 대해 진지하게 관심이 생겼다.

8시 10분. 사무실 도착.

사무실에 도착해서 업무 시작하기 전 커피를 마시며 출근길 기사에서 봤던 주식이나 ETF 상품을 잠시 검색해 본다. ETF를 검색하고 싶을 땐 해당 ETF의 자산운용사 사이트에 직접 들어가서 검색하는 것이 편리하다. 자산운용사 사이트에 접속하면 간단하게 참여할 수 있는 이벤트도 자주 진행하고 있어 소소하게 참여할 수 있다.

관심 있는 미국 주식 종가나 금 시세 등을 확인해 보기도 한다. 요즘 관심 있는 회사의 주가는 테슬라, 넷플릭스, 팔란티어, 아마존 등이고 S&P 500과 나스닥 지수는 매일 확인해 본다. 엔비디아 같은 이슈가 있는 기업도 주기적으로 주가를 체크한다.

그 뒤, 메일함을 확인해 본다. 언젠가부터 Tiger ETF에서 메일로 뉴스레터를 보내주는데, 그날의 시황을 3가지로 요약해 줘서 아침마다 간단하게 읽기 좋다. 뉴스레터 담당자에게 구독 신청하는 방법을 문의해 보니 해당 뉴스레터는 금융회사의 일부 직원/기자와 더불어 유명 경제 인플루언서에게 한정해서 송부하는 것으로 공식적인 신청 루트는 따로 없다고 한다. 하지만 '미즈쑤 블로그'를 통해 신청자를 모집하면 레터를 발송해 주겠다고 하니, 언젠가 내가 블로그에서 뉴스레터 이벤트를 통해 직접 신청자를 모집해야겠다.

11시 30분. 점심시간.

점심시간은 직원들과 어울리지 않고 주로 혼자만의 시간을 보낸다. 다양한 일을 하는데, 한 번씩 연금저축계좌를 열어본다. 종목별로 뭐가 올랐는지 떨어졌는지 확인해 보고, 필요한 경우 리밸런싱(Rebalancing, 운용하는 자산의 비중을 재조정하는 일)을 하기도 한다.

나는 상반되는 자산으로 구성된 포트폴리오는 아니지만, 그래도 모든 주가가 같이 오르거나 떨어지는 건 아니기 때문에 유독 오르는 주식으로 조금씩 이익을 실현하고 있다.

요즘은 중국 관련 주가가 오르고 있어서, 내 포트폴리오에 중국 ETF도 수익률이 급격하게 오르고 있다. 이럴 땐 비율에 맞게 매도하고 다른 상품으로 갈아타는 리밸런싱 작업을 해준다.

혼자 가볍게 점심을 먹으면서 구독하고 있는 주식, 경제 관련 유튜브 몇 개를 시청한다. 매일 미국 증시를 브리핑해 주는 유튜브와 그때그때 가볍게 볼 수 있는 관심 있는 분야의 영상을 본다. 요즘 많이 시청하게 되는 분야는 ISA 계좌이다.

한 달에 한 번 가계부 쓰기, 기계적으로 매수하기, 경제 분야로 블로그에 글쓰기, 산책하기, 낮잠 자기, 책 읽기, 은행가기, 서점가기…. 밥 먹고 수다 떠는 시간을 모아 최대한 쪼개서 알차게 보내면 생각보다 많은 일을 하며 의미 있는 점심시간을 보낼 수 있다.

5시 30분. 퇴근 시간.

전철을 기다리며 귀마개로 귀를 막는다. 전철로 이동하는 40분 동안 최대한 집중해서 책을 읽는다. 40분을 집중하면 꽤 많은 양의 책을 읽을 수 있다. 펜으로 책에 줄을 긋거나 메모할 수 있는 상황은 아니기에 중요한 부분은 접어두거나 스티커로 표시를 해둔다. e-book의 경우엔 형광펜 기능이 있어 활용하면 좋다.

퇴근 후.

퇴근 후엔 시간이 허락되는 한 블로그에 경제 관련 글을 쓴다. 요즘은 다이어트가 필요해서 러닝머신을 하러 아파트 헬스장에 가기도 한다. 러닝머신을 하며 경제 유튜브 방송을 틀어서 화면은 안보고 소리만 듣는다. 경제브리핑은 소리만 듣기에 좋은 분야이다. 낮은 목소리로 주식, 경제 내용을 전반적으로 브리핑해 주는 '힐링여행자' 채널을 구독하고 있다.

한 달에 두 번 정도 Kodex ETF에서 진행하는 온라인 웹 세미나에 참석한다. 블로거들을 초대해서 진행하는 웹 세미나라 블로거로서 보람이 느껴지는 이벤트이기도 하다. 여기서 상품에 대한 소개를 듣고 관련 시장에 대한 정보를 듣는 게 도움이 된다. 실제로 그 영향으로 상품을 매수하기도 한다.

에셋플러스 자산운용에서는 한 달에 한 번씩 액티브 ETF 월간 운용 보고 영상을 업로드해준다. 나는 현재 연금저축계좌에서 3개의 ETF에 투자하고 있지만, 상장된 에셋플러스 액티브 ETF의 모든 상품에 대해 운용 보고를 해주기 때문에 짧은 시간에 많은 정보를 얻을 수 있다.

한번은 ACE ETF 반도체 세미나에 경제 블로거로서 초대받았다. 장소가 콘래드 호텔이긴 했지만, 별 기대 없이 호기심에 참석한 세미나였다. 그런데 경제부 기자들까지 초대됐던 규모가 큰 행사였다. 반도체 시장에 대한 귀한 정보를 얻고, 스테이크 코스 요리로 점심을 먹고, 며칠 뒤 행사에 참여해 줘서 감사하다며 집으로 과일바구니가 배달됐다. 내가 어떻게 이런 세미나에 초대됐었는지 아직도 기분이 얼떨떨하다. 정말 설레는 경험이었다.

얼마 전 절세와 노후에 대한 유료 강의가 있어 궁금한 마음에 구입해서 시청하고 있다. 강의료에 비해 양적으로 아쉬운 부분이 없진 않지만, 그래도 정리를 잘해줬다는 생각은 든다. 도움이 된다고 생각하는 내용은 블로그에 정리하기도 한다.

하루가 끝났다.

요즘 들어 하루가 짧다는 생각을 많이 하게 된다. 알면 알수록 알고 싶고 궁금한 것들이 점점 많아진다. 무리하지 않고 나에게 맞게 해나가는 것이 중요한 것 같다. 큰돈을 들이거나 나의 본업에 지장이 되지 않는 선에서 내가 할 수 있는 것들을 해보려고 한다.

오늘의 투자가 미래의 나를 한층 더 풍요롭게 해줄 것이다. 내일은 더 알차게 살자. 다 잘 된다.

이제 모든 세팅은 끝이 났다.

2,000만 원을 3년간 채워서 연금계좌로 이전하고,

추가 세액공제 혜택을 받으며, 풍부한 노후 자금을 마련하고 싶다.

노후 자금은
중개형 ISA로

ISA, 그게 뭐예요?

"고객님, 혹시 ISA 가입하셨어요?"
"아니요. ISA, 그게 뭐예요?"

회사 업무차 은행을 방문하게 되면 직원분에게 새로운 예금이나 적금, 통장 등 다양한 상품을 권유받게 된다. 생각해 보면 지난 20년간 유행처럼 흘러갔던 대부분의 상품을 이름이라도 들어본 적이 있는 것도 바로 이런 이유 때문이다.

가입을 하든 안 하든 새로운 상품을 듣게 되면 물어보게 되고, 설명을 듣게 되고, 크게 부담이 되지 않는다면 권유해 준 직원분을 생각해서 가입하기도 한다. ISA도 그런 상품 중 하나였다. 내가 궁금증이 가득한 눈으로 ISA가 뭐냐고 묻자, 직원분은 상품 설명서를 내밀며 ISA에 대해 신나게 설명하기 시작했다.

"이게 이번에 새로 출시된 계좌인데 정말 좋은 계좌예요. 계좌 하나 만들어 놓으면 거기다 예금·펀드(ETF, 리츠 포함)·주가연계증권(ELS) 등 다양한 금융상품을 담을 수 있어요. 그런데 중요한 건 여기서 발생한 이자소득, 배당소득세는 비과세 혜택을 받는다는 거예요."

직원분은 매년 2,000만 원까지 납입할 수 있으며, 최대 누적 납입액 한도는 5년간 1억 원이라고 덧붙였다. 그런데 의무 만기가 5년이기 때문에(2020년 이후 만기 3년으로 변경됨) 일단 하루라도 빨리 계좌를 개설해 놓는 게 좋다고 했다.

5년 내내 계좌에 돈을 넣을 필요는 없고, 일단 계좌를 개설해서 10만 원만 넣어 놓은 뒤에 계좌를 유지한다. 그리고 5년 차에 1년 적금한다고 생각하고 투자해서 비과세 혜택을 받고 해지해도 된다는 것이다.

듣고 보니 가입해도 크게 손해 볼 것이 없고 돈을 불입해야 한다는 부담감도 없었다. 10만 원 넣어 놨다가 5년 뒤에 해지하면 되니까 계좌를 개설해도 나쁠 건 없어 보였다. 나는 그 자리에서 ISA를 개설했다.

2016년 3월, 절세를 통해 재산형성을 돕는 것을 목적으로 한다는 취지로 개인종합자산관리계좌(Individual Savings Account)인 ISA가 도입됐다. 5년간 최대 1억까지 세제 혜택을 받을 수 있다며 대대적인 홍보를 했다.

계좌를 개설하고 난 뒤 직원분도 진짜 좋은 계좌니까 이왕 개설한 거 적극적으로 활용해 보라며 몇 번을 강조했다. 나 역시 일단 계좌를 개설해 두면 어떻게든 활용하게 되리란 막연한 기대감이 있었다. 그렇게 3년이란 시간이 흘렀다.

"팀장님, ISA 아세요?"

"ISA? 그게 뭔데?"

"이번에 은행 갔다가 ISA 추천해 줘서 별생각 없이 개설했는데, 비과세통장이라 여기서 펀드 가입하면 좋겠더라고요."

"비과세통장? 어디서 들어봤는데…. 아, 그거 나도 몇 년 전에 개설했어. 나 진짜 그 계좌에 10만 원 들어있는데."

계좌를 활용하게 되리란 막연한 기대감과 달리 나의 ISA
는 완전히 방치된 채 기억 속에서조차 잊혀 있었다. 비과
세통장이라는 것만 알 뿐 그래서 도대체 어떻게 해야 하는
것인지 알 수가 없었다.

5년이 지나면 비과세 혜택을 받고 계좌를 해지할 수 있
다는 것만 기억한 채 시간은 또 흘러갔다. 5년 차가 되면 1
년 동안만이라도 적금이나 펀드에 투자하고 비과세 혜택
을 받을 수 있다고 생각했지, 아무것도 실천하지 못했다.

드디어 계좌를 해지할 수 있는 날이 다가왔다. 나는 5년
이 되던 날 바로 계좌를 해지하고 묻어두었던 소중한 나의
원금 10만 원을 찾았다. 내가 넣어 놓은 돈이었지만, 공돈
이 생긴 것처럼 기뻤다.

이런 나의 행동이 얼마나 바보였는지 시간이 흐른 뒤 깨
닫게 됐다. 5년이라는 기간을 지켜야 했던 이유는 바로 '비
과세'라는 혜택을 받기 위해서이다. 그런데 나는 그 어떤
투자활동도 하지 않은 채 10만 원을 원금 그대로 보존해
두었다. 즉, 언제 계좌를 해지했어도 비과세 혜택을 받은
것이 없었기 때문에 상관이 없었다.

ISA는 처음 도입되었을 당시 운용 방식에 따라 신탁형과 일임형으로 구분되었다. 신탁형은 금융사에 매매만을 신탁하고 운용은 개인이 직접 하는 유형이다. 일임형은 말 그대로 개인이 금융사에 투자를 일임하여 투자 전문가에게 운용을 맡기는 유형이다.

내가 개설했던 계좌는 신탁형이었고, 나는 전적으로 나 스스로 상품을 선택하여 매수, 매도 등 투자활동을 직접 해야 했다. 하지만 이게 말이 쉽지, 계좌 하나 덜렁 만들어 놓고 그 안에서 내가 스스로 투자활동을 한다는 건 투자에 대한 웬만한 관심과 지식 없이는 쉽지 않다.

그때는 몰랐지만, 나중에 알게 된 건 금융사 사이트나 앱에 접속하면 ISA 메뉴가 별도로 있다는 것이다. 그 안에 신탁형과 일임형으로 나뉘어 각각의 메뉴에서 내가 원하는 투자활동을 할 수 있다.

신탁형의 경우 이 메뉴에서 상품을 직접 매수하거나, 변경할 수 있다. 예약 매수도 할 수 있고 수익률 및 해지 예상 금도 확인할 수 있다. 조금만 관심을 둔다면 얼마든지 어렵지 않게 비과세 혜택을 받을 수 있다.

물론 그전에 첫 번째로 할 일은 투자할 상품을 내가 직접 알아보고 결정해야 한다는 것이다. 어떻게 보면 은행에서 추천해 주는 상품에 가입하는 데 익숙했던 나에게 이게 가장 넘기 힘든 관문이었던 것 같다.

약간의 관심과 정보만 있었다면 충분히 받을 수 있었던 비과세 혜택을 받지 못한 채 5년이란 시간이 흘러갔다. 내가 받을 수 있었던 혜택을 돈으로 환산한다면 얼마였을까. 나는 이렇게 많은 기회를 놓치며 시간을 낭비하고 있었다.

중개형 ISA는 뭐가 다를까?

주위를 보면 유독 재테크 정보에 빠른 사람들이 있다. 주식부터 부동산, 각종 세제 혜택까지 어떻게 아는 건지 신기하리만큼 남들보다 빨리 정보를 알아낸다. 나의 직장에도 그런 후배가 있었다.

"팀장님, 증권사에서 ISA 개설하셨어요?"

"ISA? 아, 나 그거 얼마 전에 해지했어. 있어도 어떻게 활용하는 건지 모르겠더라고. 굳이 다시 가입할 필요는 없을 것 같아."

ISA 얘기가 나오자마자 나는 더 이상 필요가 없다는 듯이 딱 잘라 말했다. 이미 한 번의 경험으로 계좌를 개설해도 활용이 잘 안된다는 걸 알았기 때문이다. 그런데 나의 후배는 이번에 새로 생긴 중개형 ISA는 다르다며 작정한 듯이 나에게 본인의 재테크 정보를 풀기 시작했다.

"아니에요. 이건 이전과 다른 거예요. 중개형 ISA라고 이 계좌에서는 주식 거래도 가능해요."

"주식 거래가 가능하다고? 그럼, CMA하고 같은 거 아냐?"

"맞아요. CMA처럼 주식 거래가 가능한데, 세제 혜택이 있고, 미국 주식은 거래가 안 된다는 게 차이점이에요."

이럴 때가 참 난감하다. 나는 괜찮다는데 굳이 시간과 에너지를 들여가며 나를 설득하기 때문이다. 마지못해 약간의 미소와 함께 "그래?" 하며 리액션을 해주니 후배는 얼씨구나 신이 났다. 자기도 전에 은행에서 ISA를 개설했었는데 방치했었다. 그러다 증권사에서 개설이 가능하다고 해서 이전 걸 해지하고 다시 가입했단다.

두서없는 얘기를 들으며 내가 정리한 ISA는 결국 증권사에서 개설할 수 있고, 주식 거래까지 할 수 있다는 것이었다. 주식투자를 액티브하게 하는 그 친구는 주식으로 수익을 제법 내고 있었다. ISA에서는 주식에 대한 수익을 손실과 통산해서 순수익에만 과세한단다. 그러면 주식으로 수익뿐 아니라 손실을 보는 경우에 분명 혜택을 볼 수 있다.

배당주를 매수하는 경우라면, 일반계좌에서 배당금을 받을 때마다 뜯기는 15.4%의 배당세가 면제된다. 이걸 재투자하는 경우 장기적으로 상당히 이득이 된다. 물론 이것 역시 의미 있는 규모의 금액을 투자할 때 의미가 있는 이야기다. 과연 나는 ISA를 군이 개설해서 주식에 투자할 만큼의 여윳돈이 있냐는 곳으로 생각이 흘러갔다.

그 당시 후배가 열변을 토하며 홍보했던 계좌는 중개형 ISA였다. 2021년 상반기에 출시된 중개형 ISA는 2016년 처음 출시된 신탁형과 일임형에 이어 추가로 출시된 계좌이다. 예·적금과 주식·채권·펀드·상장지수펀드(ETF)는 물론, 리츠(REITs), 주가연계증권(ELS) 같은 파생 상품까지 모두 담아서 관리할 수 있는 한마디로 얘기하자면 만능 통장이다.

내가 5년간 유지했던 의무 가입 기간은 3년으로 변경됐다. 중도해지에 대한 부담감이 그만큼 낮아진 것이다. 3년만 유지하면 순익을 '통산'해 일반형은 200만 원, 서민·농

어민형은 400만 원까지 비과세 혜택을 받을 수 있다. 비과세 한도를 초과하더라도 9.9%의 저율로 분리과세 혜택을 받을 수 있다. 9.9%라도 이자·배당 소득세율이 15.4%인 것과 비교하면 상당히 낮은 것이다. 특히 분리과세가 적용되어 종합소득세나 금융소득종합과세와 같은 고율의 세금을 걱정할 필요가 없다.

ISA 얘기로 시작한 그녀의 이야기는 주식으로 흘러가고 있었다. 소위 말하는 '단타'로 상당한 용돈벌이를 하고 있다고 했다. 나는 적립식으로 삼성전자 주식을 꾸준히 매수하고 있긴 했지만 일명 '주린이'에 가까웠다. 사실 그때까지만 해도 나는 주식을 매도해 본 적이 없었다. 차트를 볼 줄도 모르고, 실시간으로 주가를 검색하지도 않았다.

그녀의 주식 이야기 중 80% 정도는 이해하지 못한 채 내 귀를 스쳐 지나갔다. 그녀가 주식강의와 더불어 ISA에 대한 기대감을 내뿜는 동안, 내 머리 한편은 '그래서 ISA를 개설해, 말아?' 하는 고민으로 맴돌았다. 예전 같았으면 바로 확인하고 가입했을 텐데, 한 번 두 번 부정적인 경험이 쌓이다 보니 마음속의 귀차니즘이 먼저 발동했다.

'어차피 개설해도 별로 활용하지 않을 것 같은데, 굳이 귀찮게 가입할 필요가 있을까?'

'내가 주식투자 하면 얼마나 한다고 굳이 계좌까지 따로 만들어서 거래할 필요가 있을까?'

'어휴, 그거 개설하고 적응하려면 생각만 해도 귀찮다.'

상품에 가입했다 해지하고, 계좌를 개설했다 해지하고, 나름 열정을 갖고 했던 일들이 하나둘 귀찮아지기 시작했다. 아무리 좋은 상품이라고 해도 그걸 제대로 활용할 수가 없으니 나도 모르게 지쳐가고 있었던 것이었다. 그때도 그런 마음이었다. 새로운 상품에 대한 기대감이나 절약할 수 있는 세금보다 계좌를 새로 개설해야 한다는 귀찮은 마음이 더 크게 다가왔다.

요즘은 정보가 넘쳐나는 세상이다. 인터넷만 접속하면 궁금하지 않아도 다 알게 된다. 친절한 사람들이 예쁜 사진과 영상으로 어찌나 설명도 쉽게 해주는지. 편하게 이것저것 찾아가며 나에게 맞는 방법들로 내 자본을 불려 나가면 된다. 그런데 아이러니하게도 홍수처럼 쏟아지는 정보 속에서 나에게 딱 필요한 정보를 찾는 건 생각만큼 쉽지 않다.

이런 계좌가 좋고, 이런 상품이 좋고, 이건 이래서 좋고, 이렇게 하면 저렇게 될 것 같다는 건 알겠다. 그런데 그래서 '어떻게' 해야 하는 건지 그 구체적인 실천 방법을 찾기가 나는 힘들었다. 그래서 좋다는 건 일단 이것저것 다 건드려 놓고 제대로 활용해 보지도 못하고 실패감만 맛보던 것이었다.

나는 CMA를 거래하던 증권사 앱을 열었다. 그동안 팝업이라고 생각하고 보이자마자 닫아버렸던 ISA 이벤트 문구가 그제야 눈에 들어왔다.

'중개형 ISA 국내 주식 수수료 평생 혜택. 절세되는 중개형 ISA 개설하고 평생 가는 혜택 받아요.'

ISA 개설 고객을 유치하려는 여러 종류의 이벤트가 나열되어 있었다. 이벤트 기간을 확인해 보니 마침 얼마 남지 않은 상태였다.

마우스 스크롤을 오르락내리락하며 두서없는 생각들이 머리를 맴돌았다. '아, 이거 가입을 해야 하나 말아야 하나. 아후, 귀찮아' 하는 머릿속 생각과 달리 마우스 커서는 어느덧 이벤트 신청하기 버튼 위에 올라가 있었다.

'귀찮긴 하지만 그래도 밀져야 본전이니까 일단 가입이나 해놓지 뭐. 이번엔 진짜로 잘 활용해 보자.'

2021년 9월 1일, 나는 그렇게 또 중개형 ISA 계좌의 얼리어답터가 되었다.

ISA 개설, 생각보다 쉽네?

    후배에게 처음 중개형 ISA 얘기를 들었을 땐 계좌를 또 개설해야 한다는 귀찮은 마음이 앞섰다. 어차피 개설해도 활용도 안 하는데, 또 할 필요는 없다고 생각했다. 하지만, '참새가 방앗간을 그냥 지나치랴'라는 속담처럼 나는 결국 증권사 앱에서 중개형 ISA 계좌개설을 했다.

    이벤트 신청하기
    비대면 계좌 개설하기

생각했던 것과 달리 신규 계좌개설 하는 것은 너무 간단했다. 혜택을 많이 받을 수 있는 이벤트를 찾아서 이벤트를 신청한 뒤 계좌개설 하기 버튼을 누르면 비대면 계좌개설이 진행된다. 창구에서 계좌를 개설하는 게 익숙한 나에겐 비대면으로 계좌를 개설하는 게 마냥 신기했다.

계좌를 개설하고 처음 하려던 것은 내가 CMA에서 매수하고 있던 삼성전자 주식을 이전하는 것이었다. 전에도 주식을 다른 계좌로 이전한 적이 있었는데, 기능을 찾지 못해 고객센터에 전화했다. 그런데 웬일, 현물이전은 안된단다. ISA는 현금만 입금할 수가 있어서 이전을 하려면 주식을 다 매수하고 현금화를 한 다음에 이체하라는 얘기였다.

'아놔….' 지금 받는 배당금을 비과세로 받고 싶다는 마음이 컸는데, 그렇다고 주식을 매도하고 다시 매수할 수는 없는 노릇이었다. 그동안 차곡차곡 모아와서 낮은 평단을 유지하며 수익을 내고 있었는데 매도라니 안 될 말이었다. 내가 가지고 있는 주식을 현물로 이전해서 거기서 배당금을 받아야 비과세 혜택을 받는 건데…. 어떻게 해야 할지 고민이 됐다.

어쩔 수 없이 기존에 보유하고 있던 삼성전자 주식은 CMA에 남겨두기로 했다. 배당세가 아깝긴 했지만, 주식

149

4장 노후 자금은 중개형 ISA로

을 매도한다는 게 선뜻 내키지 않았다. 낮은 평단에 안정적인 수익률을 보는 것도 마음의 평화를 얻기 위해서는 필요한 일이었다.

한 달에 20만 원씩 ISA에서 배당주를 매수하기로 결심했다. 아무래도 배당세가 면제라니까 뭔가 배당주를 매수해야 할 것 같은 의무감이 들었다. 배당을 목표로 안정적인 주식을 검색해 봤다. 최대한 리스크 없이 배당받을 수 있을 것 같은 종목 3개를 골랐다. SK텔레콤, 대신증권 우선주, 맥쿼리인프라였다.

주가 상승의 큰 기대보다 배당에 초점을 두니 종목을 선택하는 데 부담이 없었다. 매월 20만 원씩 ISA에 입금하고 비율을 나눠서 기계적인 매수를 했다. 큰 변동 없이 안정적으로 배당을 받으니, 마음이 편안했다. 배당세를 면제받으니, 배당금도 한결 더 많게 느껴졌다.

그렇게 2년 정도 꾸준히 배당주를 모으며 ISA를 잘 활용하고 있었다. 세금을 면제받은 배당금은 받는 즉시 재투자했다. 아니 이렇게 좋은 계좌가 있다니. 국내 주식을 거래하는 사람이라면 CMA와 동일하게 사용하면 되는 계좌였다.

처음엔 무조건 비과세 혜택을 받아야 한다는 게 우선이었다. 배당을 받아야 비과세 혜택을 받는 것 같았고, 그러다 보니 나 스스로 너무 한정적인 주식만 매수하게 되었다. 다양한 상품을 제한 없이 투자할 수 있는 계좌였는데, 한편으로는 3년이라는 의무 유지 기간이 있다 보니 보수적으로 생각한 부분도 있었다.

그런데 ISA라고 해서 너무 배당을 받으려는 의무감을 느낄 필요는 없다. 비과세 한도 200만 원은 운영하는 동안 최종적인 과세대상소득에 부과되는 것이기 때문이다.

12,987,000원 × 15.4%=1,999,998원

비과세 한도 200만 원은 배당금 12,987,000원을 받으면 채워진다. 한 달에 360,750원씩 36개월을 받는다면 전액 배당세가 면제되지만, 그 이상은 9.9%의 세금을 내야 한다. 물론 9.9%도 저율이며 분리 과세된다는 장점이 있다. 분리과세가 적용된 금액은 다른 금융소득과 합산되지 않기 때문에 종합소득과세의 위험이 없다는 면에서도 큰 장점이 된다. 그래도 200만 원이 넘으면 세금을 내야 한다.

그리고 비과세 한도에는 이자·배당금뿐만이 아니라 손

익 통산에 의한 수익에 대한 세금도 발생한다. 손익 통산이란 수익과 손실을 합산해 과세하는 방식이다. 수수료가 발생했다면 이것도 수익에서 차감된다. 물론 이 자체도 순수익에 세금을 부과하는 방식의 CMA보다 혜택인 것은 맞다. 하지만, 어쨌든 이것도 비과세 한도 200만 원에 포함이 된다는 것이다.

3년 동안 6천만 원을 주식투자 한다고 가정했을 때, 주가의 변동으로 200만 원 정도의 수익을 충분히 낼 수 있다. 그런 경우 이것만으로도 비과세 한도는 채워지는 것이다. 내가 굳이 비과세 한도를 꽉 채워서 혜택을 받겠다고 배당금에 의무감을 가질 필요가 없는 것이다.

ISA를 개설해서 배당주를 매수하면서도 기존에 보유하고 있던 CMA에서 삼성전자를 계속해서 따로 매수하고 있었다. 생각해 보면 나도 답답한 게 ISA 한도도 채우지 못하면서 왜 그렇게 삼성전자를 별도의 계좌에서 계속 모아가는 것에 집착했는지 모르겠다. 그냥 기존 건 놔두고 ISA에서 이어서 새로 매수했으면 되는 건데.

다른 것보다도 가장 아쉬운 건, 1년쯤 지났을 때 CMA에 있던 삼성전자를 전부 매도한 것이다. 이 정도면 수익을 실현해 보자는 생각에 약간은 충동적으로 전액 매도를 실행했다. 그런 다음 현금화된 자금을 ISA로 옮겨서 다른 주식을 매수했으면 됐다. 그런데 아무 생각 없이 습관적으로 매도된 예수금으로 CMA에서 바로 다른 주식을 매수했다.

얼마 뒤 그 사실을 자각했다. '아, 지금이라도 전부 매도하고 ISA로 갈아타야겠다'라는 생각에 급히 CMA를 열어봤다. 마이너스 8%. 그사이 내가 매수한 주식은 마이너스를 기록하고 있었다. 당연히 그 상태에서 매도할 수는 없었다. 나는 조용히 계좌를 닫았고, 그 주식은 오랫동안 마이너스로 그곳에 남아있었다.

내가 활용할 수 있는 것부터 제대로 활용하는 것이 중요하다. 이건 작은 관심만 있으면 가능하다고 생각한다. 나는 5년이란 시간 동안 은행에서 ISA를 방치했고, 그 후 증권사에서 ISA를 개설한 후에도 제대로 활용하지 못한 채 3년을 보냈다. 돌이켜보면 왜 그랬나 싶을 만큼 시행착오를 많이 겪었다. 마흔이 넘은 나이에 세제계좌 하나 제대로 운용하는 것이 이토록 어려운 일이란 말인가.

ISA 만기 자금으로 연말정산 세액공제 받아볼까?

"저 ISA 만기가 다가오는 것 같은데 어떻게 해야 하나요?"

거래 중인 증권사 컨설턴트와 통화 중에 ISA 만기가 다가온다는 게 생각났다. 3년이 되면 해지하는 게 좋다, 안 하는 게 좋다 의견이 분분했다. 만기를 연장할 수 있다는 얘기도 있고, 그랬다가 해지하면 비과세 혜택을 못 받는다는 얘기도 있었다. 뭐가 맞는 건지 정확한 정보를 확인할 필요가 있었다.

"잠시만요. 아, 맞네요. 9월 1일이 만기예요. 아직 시간이 좀 남았으니까 그 시기쯤 다시 한번 연락해 주세요."

"저 혹시 시간 괜찮으시면 관련해서 질문 좀 드려도 될까요?"

나는 얘기가 나온 김에 그동안 궁금했던 사항들과 앞으로 어떻게 하면 좋을지 구체적으로 물어보기로 했다.

사실 계좌를 개설하고 매월 20만 원에서 30만 원 정도 꾸준히 매수하다가 자금 사정이 빠듯해져서 그나마도 중간에 중단했었다. 3년이라는 시간은 생각보다 빨리 지나가지만, 그 기간 돈을 인출하지 못한다는 생각이 가장 큰 장애물이었다. 그 결과 만기가 다가왔을 때 ISA에는 500만 원 정도의 자금이 배당주에 투자되어 있었다.

나로서는 어차피 1억 한도도 차려면 한참 남았고, 비과세 혜택을 받을 수 있는 한도도 많이 남아있기에 굳이 계좌를 해지할 필요는 없어 보였다. 만기를 연장하면 또다시 그 만기를 채워야 비과세 혜택을 받을 수 있는 건 아니었다. 3년 의무보유기간이 지나면 만기는 원하는 만큼 연장할 수 있고, 언제든 중도해지로 계좌를 해지할 수 있다. 물론 비과세 혜택은 그대로 받을 수 있다.

그렇다면 또다시 3년이란 의무 기간에 구속될 필요 없이 비과세 한도까지 계좌를 연장해서 계속 이용하다가 언제든 해지하면 되겠다는 생각이 들었다. 컨설턴트분께 나의 의견을 얘기하자 그것도 괜찮은 생각이라며 덧붙여 말했다.

"그런데 고객님, 혹시 ISA 만기 자금으로 연말정산 세액공제 추가 혜택받을 수 있는 거 아세요?"

"아, 맞다. 저도 그거 얘기 들었어요. ISA 만기 자금을 연금저축으로 이전하면 추가로 세액공제 받을 수 있다면서요."

"맞습니다. 아직 시간이 좀 남았으니까 그렇게 활용하시는 것도 고민해 보세요."

나는 알겠다고 대답한 뒤 전화를 끊었다. 알고는 있었지만, 내가 활용하는 것과 연결을 하지 못했던 정보였다. ISA 만기 자금을 활용할 수 있는 좋은 방법 중 하나가 연말정산 세액공제를 추가로 받는 것이었다. 생각해 보니 3년 동안 꾸준히 모으고 만기가 되면 연금저축으로 이전해서 세액공제를 받는다. 다시 계좌를 개설해서 또 3년을 반복적으로 풍차돌리기 식으로 운영하는 것도 좋겠다는 생각이 들었다. 진작에 계획했으면 좀 더 목표 의식을 가지고 투자했을 것 같다는 생각이 들었다.

며칠 후 컨설턴트에게 전화해서 이런 아쉬움을 전했다. 연금저축으로 이전하려고 생각하니까 ISA에 좀 더 자금을 모으지 못한 게 아쉬웠다. ISA 만기 자금을 연금저축으로 이전하면 최대 3,000만 원의 10%인 300만 원까지 세액공제를 받을 수 있기 때문이다. 내가 500만 원 이전해 봐야 50만 원이 세액공제 대상이고, 50만 원에 공제율 13.2%를 적용하면 66,000원을 세액 공제받게 된다.

솔직히 66,000원이 어떤 의사결정을 하기에 의미 있는 돈은 아니었다. 적어도 300만 원의 13.2%인 396,000원 정도는 돼야 자금이 장기간 묶이는 리스크를 감안하고도 이전을 할지 말지 고민할 필요가 있지 않으려. 열심히 모아서 2,000만 원만 됐어도 264,000원은 세액공제를 받을 수 있었을 텐데 하는 아쉬움이 밀려왔다.

"고객님, 혹시 여윳돈 있으시면 만기 전에만 ISA에 이체하시면 돼요. 이체하는 시점에 들어있는 자금은 연금저축으로 이전하셔서 세액공제 받으실 수 있습니다."

"정말요? 그럼, 만기 전날 500만 원 더 이체하면 만기 때 1,000만 원을 연금저축으로 이전할 수 있는 거예요?"

"네, 맞습니다. 그렇게 하셔도 돼요."

만기 전날까지만 자금을 이체하면 된다니, 생각지도 못했던 일이었다. 적절한 조언을 해준 담당 컨설턴트에게 감사하다. 그 얘기를 듣고 나니 만기까지 좀 더 금액을 채워서 세액공제를 더 받고 싶다는 의욕이 생겼다. 때마침 나에겐 1,500만 원의 목돈이 생길 일이 있었다. 그 돈을 어떻게 해야 하나 잠시 생각하다가 잊고 있었는데, 그 돈을 ISA에 넣어서 총 2,000만 원을 연금저축으로 만기 이전해야겠다는 생각이 들었다. 신이 났다.

1,500만 원의 목돈이 생긴 사연을 잠시 얘기하자면, 종신보험과 관련이 있었다. 나는 과거에 무지성으로 장기보험상품을 반복적으로 가입했다. 시간이 지나면서 후회했지만 이미 해지하기엔 손해가 너무 컸다. 어쩔 수 없이 가입한 상품은 이번 생의 업이라 생각하며 끝까지 가져갈 수밖에 없었다.

그런데 금리가 높아지면서 보험상품의 인기가 떨어지고 해지율이 급격히 증가했다. 그래서 보험회사에서는 '단기납 종신보험'이라는 상품으로 전략을 바꾸고, 기존에 가입했던 상품을 해지하고 갈아타기를 권유했다. 해지하기 전에 미리 해지시키는 식이었다. 여하튼 그렇게 과거에 들었던 종신보험을 얼떨결에 해지하면서 1,500만 원이라는 목돈이 생긴 것이었다.

계획 없이 생긴 목돈을 묶어두기에 좋은 활용 방법인 것 같았다. 나는 ISA 만기 전날 1,500만 원을 이체해서 총 2,000만 원의 잔액을 만들었다. 다음날 만기가 됐고 계좌를 해지했다. 해지하고 나면 60일 이내에 연금저축계좌로 이체해야 연말정산 세액공제 추가 혜택을 받을 수 있다.

나는 올해 세액공제 한도 900만 원에 ISA 만기 자금 200만 원까지 총 1,100만 원을 세액 공제받을 수 있게 됐다. 세액공제금액은 자그마치 1,452,000원이다. 연말정산이 기다려진다.

3년짜리 적금처럼 의무보유기간인 3년을 목표로 ISA에 자금을 모으고 비과세 혜택을 받으며 투자한다. 그런 뒤 만기가 되면 연금저축으로 이전해서 연말정산 세액공제를 받는다. 계좌를 다시 개설해서 3년 단위로 반복한다. 이러면 3년에 한 번씩 ISA 만기 자금으로 연말정산 추가 세액공제를 받을 수 있다.

3년이라는 시간은 생각보다 빨리 지나간다. 두려움을 이겨내고 딱 한 번만 시도해 보자. 시작이 반이다.

다시 개설하는 중개형 ISA 활용법

'Kodex ETF ISA 웹 세미나에 초대합니다.'

2024년은 중개형 ISA가 도입된 지 3년이 되는 해이다. 초창기에 가입한 많은 사람이 만기를 앞두고 있고 그에 맞춰 금융사에서도 다양한 행사와 이벤트를 진행하고 있다.

이벤트 때문에 무리하게 상품에 가입할 필요는 없지만, 나에게 맞는 이벤트를 찾아볼 필요는 있다. 조금만 관심을 두고 찾아보면 나에게 맞는 이벤트를 어렵지 않게 찾을 수 있기 때문이다.

　나 역시 이번에 ISA 만기 자금을 연금저축으로 이전하면서 잔액 이전하기 이벤트, 금액별 상금 지급 이벤트, ISA 신규 개설 이벤트, 주식 매수 이벤트 등 관련된 이벤트 몇 개를 신청했다. 그뿐만 아니라 평소에도 금융사 사이트에 들어가 보면 간단하게 퀴즈를 푼다거나 달러나 주식을 주는 이벤트 등 간단하게 참여할 수 있는 다양한 이벤트가 많다.

　나는 주로 Kodex ETF, Tiger ETF에 주기적으로 들어가 보고, 주거래 증권사뿐만 아니라 다양한 증권사 웹 사이트를 방문해 본다. 이날은 Kodex ETF에서 유튜브 라이브 방송으로 진행했던 ISA 웹 세미나에 참석했다. 해당 세미나는 이벤트를 신청하는 사람이라면 누구나 참석할 수 있었던 행사였고, 삼성자산운용에서 출시한 FunETF 앱에 가입하면 이벤트 알림 문자를 받을 수 있다.

　1,000명이 넘는 사람들이 참석한 열기가 뜨거웠던 세미나였다. 이날은 Kodex에서 발간한 중개형 ISA 투자 가이드북을 바탕으로 ISA가 무엇인지, 어떻게 활용할 수 있는지, 유형별 포트폴리오 짜는 법, Q&A 등으로 1시간이 눈 깜짝할 사이에 지나갔다.

새삼 느끼는 것이지만, 이런 고품질의 지식을 무료로 습득할 수 있다는 게 놀랍다. 무료일 뿐만 아니라 경품도 빵빵하게 준비되어 있었다. 물론 Kodex가 본인 회사의 ETF 상품을 홍보하기 위한 것이 목적이겠지만, 선택은 투자자의 몫이니까 그 기회를 잘 활용하면 된다.

요즘은 조금만 관심을 가지면 활용할 수 있는 자료와 기회가 너무 많다. 자산운용사에서도 앞다투어 책자를 만들어서 무료로 배포하고 있고, 유튜브에도 관련 영상이 넘쳐난다. 투자할 수 있는 상품과 정보가 주위에 널려 있다. 작은 관심이 시작이다.

지난 3년간 중개형 ISA를 가지고 있으면서도 제대로 활용하지 못했었다. 3년 안에 돈을 인출하지 못한다는 부담감과 세제 혜택을 받으려면 배당주에 투자해야 한다는 왠지 모를 압박감이 있었다. 이런 부담감과 압박감이 그 좋다는 ISA를 개설해 놓고도 100% 활용하지 못하게 했던 이유였다.

얼마 전 의무가입기간 3년을 채우고 해지한 뒤 연금저축으로 자금을 이전해서 추가 세액공제 혜택을 받았다. 3년이면 6천만 원의 한도가 있었는데, 나는 고작 2천만 원밖에 채우지 못했다. 아쉬웠다.

이번 경험을 통해서 몰랐던 ISA의 많은 장점과 왜 이 계좌를 활용해야만 하는지 깨닫게 됐다. 어떻게 활용해야 제대로 활용을 할 수 있을지 고민한 끝에 장기적으로 이 계좌를 활용하기 위한 나만의 전략을 세웠다.

1. **ISA의 가장 큰 장점은 분리과세이다.** 비과세 한도를 초과하는 금액에 대해서는 9.9%(지방 소득세 포함) 분리과세가 적용된다. 이것이 중요한 것은 종합소득세나 금융소득종합과세와 같은 고율의 세금을 걱정할 필요가 없기 때문이다. 그래서 연간 2천만 원의 한도까지 이 계좌에 자금을 우선순위로 채울 것이다.

2. 의무가입기간이 3년이고, 3년 만기 전에 중도해지 하게 되면 ISA를 통해 받은 세금 혜택을 돌려주어야 한다. 이러한 이유로 3년이라는 기간이 왠지 모를 부담감이었는데, 그럴 필요가 없다는 걸 알게 됐다. **3년 만기 전이라도 납입한 원금 범위 내에서는 자유로운 중도 인출이 가능**하기 때문이다. 그래서 마음 놓고 한도 금액까지 모든 자금을 ISA에 채울 것이다.

직장인 연금저축으로 1억 모으기

3. 일반형에 가입해 비과세 한도가 200만 원이기 때문에 비과세 한도를 채우기 위해 배당금을 받아야 한다고 생각했다. 그래서 일부러 배당주를 검색해 보고 매수했다. 그런데 비과세 한도 200만 원이라는 것은 꼭 배당세만 해당하는 것이 아니다. 투자한 모든 상품의 손익을 통산하여 과세대상소득이 결정되기 때문에 **최종적인 과세 대상 소득이 200만 원이 넘으면 이미 비과세 한도는 채워지는 것**이다. 그래서 굳이 일부러 배당을 받으려고 노력하지 않을 것이다.

4. ISA 만기 자금은 연금계좌로 이전할 수 있는데, 나의 경우 추가 세액공제 혜택을 받기 위해서 이 기능을 활용했다. **추가 세액공제 혜택은 최대 300만 원**(이체금액 **3,000만 원의 10%)까지** 받을 수 있다. 그래서 3년에 한 번 최소 3,000만 원은 연금저축계좌로 이전할 것이다.

무엇보다 ISA에서는 무슨 상품을 매수해야 할지 유독 고민이 됐었는데, 그럴 필요가 없어졌다. ISA를 위한 특별한 포트폴리오를 고민할 필요 없이 연금저축계좌의 포트폴리오를 그대로 가져오면 되었다. 나는 개별주식을 할 생각이 없었기 때문에 포트폴리오에 대한 고민은 사라졌다.

이제 모든 세팅은 끝이 났다. 제대로 알지 못해 느꼈던 불필요한 감정들은 이제 느낄 필요가 없다. 포트폴리오도 완성되었겠다, 신나게 매수만 하면 된다. 마음 편한 투자를 할 수 있을 것 같다.

앞으로 중요한 건 연간 한도 2,000만 원을 어떻게 채우냐는 것이다. 꼭 채울 필요는 없지만, 정말 채우고 싶다. 2,000만 원을 3년간 채워서 6,000만 원을 연금계좌로 이전하고, 추가 세액공제 혜택을 받으며, 풍부한 노후 자금을 마련하고 싶다.

어떻게 추가 자금을 마련해야 하나 고민하다 보니 안 쓰는 물건이 없나 집안을 기웃거리게 된다. 또 한바탕 중고 시장에 물건을 내다 팔아야 하나?

누구나 연금 부자가 될 수 있다.
시간이 주는 선물을 믿고 공부하며 주식을 모아가면 된다.
막연하게 노후를 두려워하지 말자. 준비하면 된다.

5장

이제는 3억이다

DC형 퇴직연금 운용수익이 40%를 넘겼다

DC형, DB형….

퇴직연금에 가입한 지 몇 년이 지나도록 DC형과 DB형
이 그렇게 헷갈렸다. 회사에서 급여와 퇴직연금을 담당하
는 나도 이 정도니 다른 사람들은 오죽할까 싶기도 하다.

그 정도로 퇴직연금은 그냥 쌓아뒀다가 퇴직할 때 퇴직
금으로 받는 돈이라고 생각했다. 우리 회사가 DC형에 가
입되어 있다는 건 당연히 알고 있었지만, 그래서 내가 내
퇴직연금을 직접 투자할 수 있다는 걸 알기까지도 몇 년이

걸렸다.

얼핏 퇴직금을 직접 투자할 수 있다는 얘기를 들어도 투자할 엄두도 나지 않았지만, 한편으로는 '아니 언제 퇴사할지도 모르는데 퇴직금을 투자했다가 원금마저 까먹으면 어쩌나'라는 생각도 있었다.

그렇게 4년 정도가 흘렀을 때였다. 각종 미디어에서 DC형 퇴직연금 투자에 관한 얘기가 나오기 시작했다. 물론 그전부터 계속 나왔겠지만, 나에겐 그 시기쯤부터 그런 얘기가 귀에 들어오기 시작했다.

'DC형 퇴직연금을 투자해야 한다고? 나도 한번 해볼까?'라는 생각이 들면서 처음으로 내 퇴직연금 계좌를 확인해 봤다. 우리은행에 수도 없이 로그인하면서 내 퇴직연금을 어디서 확인하는지도 몰랐다.

퇴직연금 메뉴로 들어가니 퇴직연금계좌에 입금된 잔액을 확인할 수 있었다. 지난 4년간 차곡차곡 쌓인 나의 퇴직금은 원금 그대로 잘 보존되어 있었다. 생각지도 않았던 목돈이었다.

몇 번을 들어갔다 나왔다만 반복했다. 그러다 메뉴를 이것저것 눌러보았다. 아무리 눌러봐도 계좌에 있는 돈을 어떻게 투자할 수 있는지 전혀 감이 오지 않았다. 호기심에 연금계좌 콜센터에 전화를 걸어보았다.

점심시간을 이용해 전화해서 그런지 전화가 도통 연결이 되지 않았다. 기다리다 지쳐서 일단 전화를 끊고 다음 날 다시 시도했다. 내가 상담사와 통화를 해보니 왜 대기시간이 길 수밖에 없는지 이해가 갔다. 무슨 말인지 도무지 알아들을 수가 없었다.

일단 전화를 끊고 다음 날 다시 전화를 걸었다. 같은 애기를 두 번 들으니 조금은 알 것 같다는 느낌이 들었다. 그런데 여기서 중요한 건 투자를 하려면 내가 투자할 상품을 먼저 선택해야 한다는 것이었다. 상담사가 상품 메뉴로 들어가 보라면서 어떤 상품에 투자할 거냐고 물었다. 투자하고 싶은 상품을 검색해 보라는데 머리가 멍해졌다. 무슨 상품이 있는지도 모르는데 투자하고 싶은 상품을 알 턱이 없었다.

어떤 상품에 투자해야 할지도 모르겠는데 어떻게 하면 좋겠냐고 물어보았다. 그랬더니 상담사가 은행 지점에 퇴직연금 담당자가 있으니, 그쪽으로 연락해서 어떤 상품에 가입해야 할지 상담을 받아보라고 권유했다.

다음날 은행 지점에 전화를 걸어서 퇴직연금 담당자에게 퇴직연금을 운용해 보려고 하는데 막막하다. 어떤 상품에 투자하면 좋을지 추천해 달라고 말했다.

"저 퇴직연금을 운용해 보고 싶은데, 어떤 상품에 가입하면 좋을지 몰라서요. 혹시 상품을 추천해 주실 수 있으실까요?"

"고객님, 저희가 직접적인 상품은 추천해 드릴 수가 없습니다. 다만, 한 개는 일반적으로 코스피 지수 따라가는 상품이 무난할 것 같고요. 거기에 하나를 더한다면 장기적으로 4차 산업에 투자하는 상품도 좋을 것 같습니다."

코스피 지수와 4차 산업. 나는 퇴직연금 상품 메뉴로 들어가서 '코스피'와 '4차 산업'으로 검색했다. 몇 개의 상품이 검색됐고, 그중에서 적당하다고 생각하는 2개의 펀드를 선택했다.

몇 번의 전화 통화를 더 거쳐 힘들게 예금으로 되어 있던 자금을 펀드로 변경했다. 뭐라도 잘못될까 싶어서 가슴이 콩닥콩닥 뛰었다. 이러다 그나마 있던 퇴직금 원금도 다 까먹는 건 아닌지 내심 불안한 마음도 있었다.

상담사가 하라는 대로 했는데 잘되지 않아 몇 번을 다시 설정했다. 설정이 다 됐다고 생각한 뒤에도 뭔가 불안했지만, 더 이상 신경 쓸 에너지가 남아있지 않았다. 그렇게 3개월 정도가 흘렀다.

문득 생각이 나서 퇴직연금 계좌에 접속해 보았다. '이게 뭐지? 수익금 100만 원?' 투자한 지 3개월 만에 수익이 100만 원 났다니 뭔가 이상했다. 다시 콜센터에 전화를 걸어 문의했다.

상담사와 확인해 보니 먼저 내가 코스피와 4차 산업에 반씩 투자한다고 했던 것이 실수로 코스피 펀드에 전부 투자가 됐단다. 그리고 내가 가입한 시점에 코스피가 급하락했다가 다시 급반등하고 있던 중이어서 수익이 난 게 맞다고 했다.

그때는 바야흐로 2020년, 코로나가 터지면서 코스피가 급하락했다가 급반등했던 시기였다. 초심자의 행운이라던가, 소 뒷걸음질 치다가 쥐 잡았다던가, 아무것도 모르던 나는 얼떨결에 코로나 수혜자가 되었다.

우연히 투자에 성공했지만, 지금 생각해도 아찔하긴 하다. 만약 반대로 잘못됐다면 엄청난 원금손실을 입었을 것이기 때문이다. 무턱대고 쌓여있던 자금을 분할 투자하지 않고 한방에 투자한 건 솔직히 옳은 방식은 아니었다. 나의 무지함의 결과였다.

만약 DC형 퇴직연금에 가입되어 있는데 지금까지의 자금이 투자되지 않은 채 목돈으로 쌓여있다면 투자하기가 두려울 수 있다. 나의 동료도 개인적으로 주식투자로 의미 있는 수익을 내고 있지만 퇴직금은 까먹지만 않아도 남는 거라며 절대 투자하지 않는다.

그럼에도 이제라도 퇴직연금을 투자하고 싶다면, 다음과 같이 시도해 보길 권유한다.

1. 현재까지 쌓여있는 퇴직금은 기존대로 놔두고, 앞으로 입금되는 퇴직금이 자동 투자될 수 있도록 설정한다. 기관마다 다르겠지만 입금예정등록이라는 기능이 있다.

2. 현재 현금으로 쌓여있는 원금이나 예금상품에 가입된 자금의 위험자산 투자 가능 금액이 얼마인지 확인한다. 만약 500만 원을 주식형 상품으로 가입할 수 있다면, 일정 금액을 나눠서 매달 펀드로 갈아탄다. 예를 들어 50만 원씩 10개월, 혹은 100만 원씩 5개월 이런 식이다. 한 번에 갈아탈 경우 갈아탄 시점에 따라 계속

마이너스가 날 수 있기 때문이다. 이건 보유상품변경 메뉴에서 설정할 수 있다.

3. 투자상품에 따라 다르겠지만 이렇게 투자한다면 장기적으로 큰 리스크 없이 원금에서 주식형 상품으로 갈아탈 수 있을 것이다.

처음에 가입했던 코스피 펀드는 코스피가 급상승했다가 다시 하락을 시작하던 시기에 전부 매도했다. 살면서 내가 했던 투자 중에서 가장 성공적인 투자임이 틀림없다. 나는 지금도 이것을 '초심자의 행운'이라 생각하고 감사한다.

4차 산업과 관련된 펀드는 지금도 투자하고 있는데, 현재 누적수익률이 +54.85%이다. 이 펀드는 '다올글로벌 빅테크1등주증권투자신탁[주식]'으로 이름이 변경됐다.

코스피 펀드를 매도한 이후에 몇 개의 펀드로 갈아탔다. 베트남 펀드, 미국 고배당 펀드, 글로벌 펀드, ETF 등을 매수했다가 매도했다. 수익이 난 것도 있었고 손실이 난 것도 있었다. 이 모든 수익과 손실의 결과로 현재 총 누적수익률은 +40.01%이다.

지금은 다올글로벌 빅테크1등주증권투자신탁[주식], 에

셋플러스 글로벌리치투게더퇴직연금증권자투자신탁1[주식], 미래에셋연금 인디아업종대표증권자투자신탁1호[주식]에 골고루 분산해서 투자하고 있다. 그리고 원금 보장형 30%는 예금에서 TDF 상품으로 전부 갈아탔다. TDF에 대해서는 다음 장에서 얘기해 보겠다.

돌이켜 생각해 보면, 그때 퇴직연금 투자를 시작했던 게 정말 다행이란 생각이 든다. 힘든 시간이었지만 '아무것도 하지 않으면 아무 일도 일어나지 않는다'는 말처럼 뭐든지 직접 해봐야 무슨 일이 생기는 것이다. 많은 사람이 직접 공부하고 조금씩 실행해 보면서 원금을 잃지 않는 안전한 퇴직연금 투자를 하기 바란다

퇴직연금 투자의 혁명 TDF

2023년 7월 1일부터 근로자퇴직급여 보장법에 따라서 '디폴트옵션'이 의무화되었다. 디폴트옵션은 DC형 혹은 IRP 퇴직연금 가입자가 총 6주가 지나도록 상품 운용 지시를 하지 않을 때, 가입자가 사전에 정한 상품에 투자하도록 운용하는 제도이다.

나라에서 주도한 이 법이 퇴직연금을 운용하는 데 얼마나 큰 역할을 했는지 급여담당자로서 말할 수 있다. 우리 회사 기준으로 얘기하자면, 디폴트옵션이 시행되기 이전엔 DC형 퇴직연금을 본인이 직접 운용해야 한다는 건 알고 있었지만, 실제로 운용하는 사람은 거의 없었다. 그런데 디폴트옵션이라는 게 본인이 직접 운용하지 않으니, 나라에서 강제로 운용하게 하겠다는 정책이다 보니 개인이 퇴직금을 운용해야 한다는 의무감이 확실하게 자각되는 효과가 있었다.

나는 디폴트옵션이 의무화되면서 직원들에게 새로운 제도를 소개하고 설명해야 했다. 모든 직원에게 동의를 얻어 퇴직연금 규약을 작성하여 고용노동부 장관에게 신고해야 했기 때문이다. 디폴트옵션을 소개하는 날 예상처럼 직원들로부터 질문이 쏟아졌다. 디폴트옵션이라는 제도를 이해하기 위한 것도 있지만, 그동안 퇴직연금을 운용하고 싶었는데 실행에 옮기지 못했던 답답함도 함께 쏟아져 나왔다.

새로운 제도가 도입되면서 TDF 상품들도 대거 출시됐다. 가입자가 디폴트옵션을 적용할 때 자동으로 운용할 상품을 정해야 하는데, 그때 적용하게 되는 상품이 TDF이기 때문이다.

TDF는 투자자의 은퇴 시점을 목표 시점(Target Date)으로 해서 생애주기에 따라 포트폴리오를 알아서 조정하는 자산배분펀드이다. 젊었을 때는 공격적(주식)으로 자산을 운용하다가 나이가 들수록 안정적(채권)으로 자산 배분을 바꿔준다. 이런 방식을 '글라이드 패스(Glide Path)' 방식이라고 한다.

자동으로 자산을 배분해 주기 때문에 제대로 된 상품을 선택만 해놓으면 본인이 직접 운용하는 수고와 위험을 줄일 수 있다. 그렇다면 제대로 된 상품을 선택하는 것이 관건인데, 제대로 된 상품을 선택하려면 TDF가 무엇인지 먼저 정확하게 알아야 한다.

TDF는 상품명에 그 상품의 목표 시점을 명시하고 있다. 만약 상품명이 TDF 2025라면 2025년은 본인이 은퇴하고자 하는 나이가 되는 시점의 연도이다. 예를 들어 1965년생이 60세에 은퇴한다면 1965년+60세=2025년이다. 즉 상품명에 2025가 붙은 상품을 선택하는 것이 적당하다. 만약 1999년생이 60세에 은퇴를 원한다면 마찬가지로 1999+60=2059로 상품명에 2059가 붙은 상품을 선택하는 것이 적당하지만, TDF 상품의 종류는 5년 주기로 구분되기 때문에 2060이 붙은 상품을 선택하면 된다.

그렇다고 꼭 자기의 은퇴 시점에 맞게 상품을 선택할 필요는 없다. 그 이유는 은퇴 시점에 따라 자산 비중이 달라지기 때문이다. TDF 2025의 경우 은퇴 시점이 당장 올해이기 때문에 자산 비중이 대부분 채권 같은 안전자산으로 구성되어 있다. 반대로 TDF 2060은 은퇴 시점이 아직 많이 남아있어 자산 비중이 대부분 주식 같은 위험자산으로 구성되어 있다.

그래서 내가 리스크를 감안하고라도 공격적으로 상품을 운용하고 싶다면, 나의 실제 은퇴 시점과 상관없이 TDF에 붙은 숫자가 높은 걸 선택하면 된다. 현재 출시된 상품 중에서는 TDF 2060이 목표 시점이 가장 긴 상품으로 확인된다. 시간이 지나면서 그에 따라 목표 시점이 높은 TDF 상품이 출시될 것이다.

여기서 문득 의문점이 생길 수 있다. 만약 공격적으로 투자를 하고 싶다면 그냥 주식형 펀드에 가입해도 될 텐데 뭐 하러 굳이 목표 시점이 긴 TDF에 가입하냐는 것이다. 빙고. 맞는 얘기다. 일반적으로는 그렇게 생각할 수 있다.

나에게 맞지 않는 은퇴 시점을 설정하면서까지 굳이 TDF 상품에 가입해야 하는 이유는 다음과 같다.

1. 안전자산 30% 비율

우리나라에서 퇴직연금/IRP에 가입하게 되면 의무적으로 30%는 예·적금 같은 안전자산에 투자해야 한다. 그런데 이 30%라는 비율이 내가 운용하지 않을 때는 크게 느껴지지 않지만, 직접 운용하다 보면 크게 느껴진다. 60만 원의 30%면 18만 원인데, 펀드에 가입할 수 있는 18만 원을 예금에 넣어 놓는 것이다. 속이 탄다.

여기서 대안으로 떠오른 것이 TDF이다. TDF는 구성, 비율 상관없이 전부 안전자산으로 분류되어 있다. 그래서 TDF 2060같이 주식형 비중이 높은 상품으로 안전자산 30%를 채우면 결국 거의 100%를 주식형 상품으로 운용하는 것과 같은 효과가 있다.

나의 경우 TDF가 안전자산과 별로 다를 게 없다고 생각해서 굳이 예·적금으로 운용되던 30%를 TDF로 갈아타지 않았다. 그런데 어느 날 보니 TDF의 수익률이 10%를 넘는 것이 아닌가. 놀라서 몇 개 상품의 구성 종목을 확인해 보니 생각했던 것보다 알차고, 심지어 미국 빅테크 회사의 주식을 직접 담고 있는 상품도 있었다.

화들짝 놀라서 얼마 전 모든 예·적금 상품을 TDF로 갈아탔다. 내가 현재 투자하고 있는 상품은 '한국투자TDF알아서ETF포커스2060증권투자신탁'이다.

2. 저렴한 수수료

일반적인 펀드의 경우 수수료는 1% 이상인 경우가 많다. 높게는 1.4%까지 가는 상품도 있으니, 수수료도 투자에 있어서 꼭 고려해야 하는 중요한 사항이다. 여기서 일반적인 펀드와 TDF의 차이가 수수료이다. TDF의 경우 수수료가 0.5% 미만의 저렴한 것도 있다. 이것이 만약 일반적인 펀드와 TDF의 구성 비율이 비슷하다면 TDF에 가입해야 하는 이유이다.

다양한 이유로 TDF는 퇴직연금 투자의 혁명으로 떠오르고 있다. 수요와 공급이 맞아떨어지면서 각 운용사로부터 다양한 종류의 TDF 상품들이 쏟아져 나오고 있다. 퇴직연금을 투자하는 게 두렵고 막막했던 많은 사람이 TDF의 운용 방식을 신뢰하면서 가입이 늘고 있다.

일단 퇴직연금을 예·적금 상품에서 탈출시키는 게 중요하다. TDF는 예·적금 상품에서 ETF나 펀드로 바로 가기 두려운 사람들을 위한 좋은 디딤돌 상품이다. TDF로 안전하게 퇴직연금 운용을 시작하고 운용 방법과 자신감을 얻은 뒤 ETF나 펀드 같은 투자상품에 직접 투자하면 좋겠다.

다른 나라 직원들에겐 당연한 것, '3층 연금 구조'

"제임스, 오랜만이야. 잘 지냈어?"

"하이, 수연. 잘 지내지. 사실 내가 내년에 은퇴하거든. 그래서 요즘 은퇴 준비하고 있어."

"아, 정말? 네가 은퇴할 나이로 보이진 않았는데?"

"맞아. 아내가 함께 시간을 더 보내고 싶다고 해서 몇 년 일찍 은퇴하기로 했어."

현재 독일 회사에 재직 중인 나는 다른 나라 직원들을 만

날 기회가 종종 있다. 글로벌 미팅에 참석하기 위해 주기적으로 유럽에 가는데 가끔 은퇴하는 직원들의 소식을 듣곤 한다. 제임스가 은퇴한다고 해서 물어보니 아내와 시간을 더 보내기 위해서 몇 년 일찍 은퇴한다고 했다. 회사를 몇 년 더 다닐 수 있는데 은퇴한다는 게 의아했다.

유럽이나 미국 등 다른 나라 직원들을 보면 은퇴 시점이 다양하다. 은퇴를 빨리하고 늦게 하고를 떠나서 은퇴 시점을 본인이 미리 계획하고 선택한다는 게 인상적이었다. 이들이 은퇴를 두려워하지 않고 은퇴 후의 새로운 삶을 기대할 수 있는 이유는 사회 초년생 때부터 탄탄하게 노후 준비를 하기 때문이다. 사회생활을 시작함과 동시에 국민연금·퇴직연금·개인연금을 함께 준비한단다. 바로 '3층 연금 구조'이다.

유럽 직원 누구와 얘기해도 '3층 연금 구조'를 당연하게 생각했다. 국민연금만으로는 노후 생활을 보장할 수 없기 때문에 퇴직연금과 개인연금도 함께 준비해야 한다는 것이다. 퇴직연금은 은퇴 후 연금으로 받을 수 있게 설정해 놓고, 개인연금도 첫 월급부터 은퇴할 때까지 불입하는 걸 당연하게 생각했다.

2024년 8월 22일 매일경제 뉴스에는 '노인 60%, 연금 月 50만 원도 못 받는다'라는 제목의 기사가 실렸다. 통계 청 2022년 연금 통계에 따르면 국민·기초·개인연금을 합쳐 도 전체 평균이 월 65만 원에 그친다는 내용이었다.

선진국 최고 수준인 노인 빈곤율은 OECD 평균이 14.2%인데 반해 한국은 40.4%로 1위를 기록했다. 충분한 노후보장 대책 마련이 시급한 상황이다. 충분한 노후보장 대책은 누군가 대신해 줄 수 있는 게 아니다. 국민연금을 제외한 퇴직연금과 개인연금은 본인이 준비해야 하는 영 역이다. '3층 연금 구조'는 이제 선택이 아니라 필수가 되 었다.

먼저 퇴직연금은 국민연금으로 노후 대비가 충분치 않 기 때문에 기업에 개인들의 노후 비용의 일부를 부담하도 록 하는 제도이다. 운용 방법에 따라 DB형과 DC형으로 나 뉜다. DB형은 회사가 알아서 운용해 주는 것이고, DC형은 가입자가 스스로 운용하는 것이다.

가입자는 먼저 본인이 가입한 퇴직연금이 어떤 종류인 지를 알아야 한다. DB형이라면 본인이 직접 운용할 수 있 는 DC형으로 변경을 요청하는 것도 방법이다. 퇴직연금 종류를 선택하는 데 임금 상승률과 연금 운용 수익률, 임

금피크제 및 연봉제 실시 여부, 급여 변동성의 정도 등을 고려해 자신에게 맞는 유형을 선택하는 것이 좋다.

이 외에 철저하게 개인의 책임인 개인연금이 있다. 개인연금을 준비하는 방법은 다양하겠지만, 세제 혜택을 누릴 수 있는 연금저축과 IRP를 활용하는 것이 가장 좋다. 세제 혜택은 스스로 노후를 준비하도록 독려하기 위해 정부에서 주는 혜택이다. 그 누구도 연간 900만 원 이상의 세제 혜택(2024년 기준)을 누릴 수는 없다. 그 말인즉, 매년 900만 원의 세제 혜택은 꼭 누려야 한다는 것이다.

아직도 생소한 '3층 연금 구조'는 이제 선택이 아닌 필수다. 사회생활을 시작함과 동시에 국민연금·퇴직연금·개인연금은 함께 준비해 나가야 한다. 알면 준비할 수 있다. 이제부터라도 단단한 '3층 연금 구조'를 만들어 풍족하고 행복한 노후를 준비해 보자. 나는 축복받는 은퇴를 하고 싶다. 할 수 있다.

어라, 나도 연금 부자가 될 수 있겠는데?

커피값을 아껴서 주식을 산다.

화장품값을 아껴서 주식을 산다.

해외여행 갈 돈으로 주식을 산다.

소비 대신 저축으로 행복감을 느낀다.

저축이 늘어나니 삶이 즐겁다.

즐거운 삶은 저축을 하게 되는 또 다른 원동력이 된다.

부자가 된다는 건 돈을 엄청 많이 벌어야 한다거나, 허리가 없어질 정도로 허리띠를 졸라매야 한다거나, 주위 사람들이 불편감을 느낄 정도로 궁핍하게 산다거나, 하는 것은 아니었다. 지금 하는 일에 최선을 다하고, 내가 아낄 수 있는 것을 아끼고, 불필요한 지출을 줄이고, 그렇게 아끼고 줄인 돈을 모으면서 행복감을 느끼고, 다시 이것을 반복하는 것. 이것이 부자가 되는 길이었다. 결국은 라이프스타일이 변해야 하는 것, 바로 그것이었다.

어떻게 돈을 모아야 할지 몰라 무조건 열심히 했던 시절이 있었다. 돈을 아끼고 나름의 방식으로 저축하고, 손해 보고, 좌절하다가 결국 '에라 모르겠다. 어차피 돈이 모이지도 않네. 인생 뭐 있냐 젊었을 때 즐겁게 사는 거지' 이랬다저랬다 그때그때 기분 내키는 대로 돈을 모았다가 안 모았다 반복하면서 30대를 보냈다.

분명 소득은 늘었고, 저축한 시간도 길어지는데, 내 잔고는 항상 제자리걸음이었다. 경제관념 없이 돈을 모으고 싶다는 마음만 앞섰다. 펀드에 가입했다가 마이너스가 나면 화들짝 놀라서 해지하고, 온갖 보험상품에 가입했다가 손해 보고 해지하고 또 가입하고, 에라 모르겠다 자포자기 심정에 있는 돈으로 해외여행 다니다가, 다시 정신 차리고 보험상품 가입하기를 반복했다.

다람쥐 쳇바퀴 같은 그 틀에서 벗어나기가 힘들었다. 사실 내가 다람쥐 쳇바퀴를 돌고 있는지도 몰랐다. 그저 조바심이 났고, 노후가 막막했고, 현실은 늘 불안했다. 조바심과 불안함 사이에서 나는 까칠하고 예민한 사람이 될 수밖에 없었다. 돈을 모아도 불안했고, 써도 불안했다. 진짜나 자신을 위한 건지, 남에게 부자처럼 보이고 싶은 건지나 자신도 알지 못했다.

처음엔 개별주식을 매수하다가 ETF로 갈아탔다. 2019년은 우리나라에서 ETF 상품들이 왕성하게 출시되던 시기였다. CMA에서 ETF를 매수하다가 증권사에서 연금저축계좌와 IRP를 개설하면서 연금계좌에서 본격적으로 ETF를 매수하기 시작했다. 장기투자라는 생각으로 포트폴리오를 구성해서 기계적으로 계속 매수를 해나갔다.

계속 매수를 하니 잔고가 늘어나고, 수익이 늘어나고, 평가액이 늘어났다. 계좌를 열어볼 때마다 행복감이 밀려왔다. 막막했던 노후가 이렇게 하면 준비가 될 것 같다는 생각에 마음이 편안해졌다. 그러다 갑자기 '이런 식이라면 나도 연금 부자가 될 수 있겠는데?'라는 자신감이 샘솟았다.

직장인 연금저축으로 1억 모으기

연금 부자가 될 수 있겠다는 희망이 생기자, 목표를 갖게 됐고, 목표가 생기니 라이프스타일이 조금씩 바뀌기 시작했다. 주식투자를 하면서 경제관념을 갖게 되고, 장기투자와 복리의 마법을 경험하게 되고, 노후에 대한 기대감에 은퇴 후의 삶이 기다려지기 시작했다. 이 모든 게 주식을 매수하기 시작하면서 변화된 것이었다.

2024년 12월 1일, 한국일보 경제면에 「죽을 때까지 필요한 생활비, 매월 받는 '연금부자' 되는 방법」이라는 기사가 실렸다. 연금 계좌 관리하는 방법을 사칙연산으로 풀어서 설명한 내용이었다. 안정적인 은퇴 생활을 위해서 가장 먼저 챙겨야 하는 금융상품이 '연금 계좌'라는 걸 알아도 이것을 잘 관리하는 방법은 막연할 수 있다. 이때 사칙연산을 활용해서 효율적인 연금 자산관리를 할 수 있다는 것이다. 연금 계좌 관리하는 방법을 (+)더하기, (−)빼기, (×)곱하기, (÷)나누기 순서로 보면 다음과 같다.

(+) 더하기

연간 소득 5~10%는 연금 계좌에 지속적으로 적립한다. 소득이 낮을 땐 적립액이 작겠지만, 소득 증가와 비례해 납부 금액을 함께 늘려준다. 월납 방식으로 소액의 정기적인 금액을 자동이체로 적립하다가 연말 보너스 등으로 현금에 여유가 생겼을 때 추가로 납입하는 방법도 있다.

(─) 빼기

연금 계좌 세액공제로 최대한 세금을 아낀다. 앞에서 여러 번 언급했듯이 IRP나 연금저축 같은 연금 계좌들은 평범한 직장인 연말정산에서 가장 매력적인 절세금융상품이다. 한도금액 연 900만 원까지 채운다면 최대 148만 5,000원까지 환급받을 수 있기 때문이다.

여기에 ISA 만기 자금 3,000만 원을 연금계좌로 전환한다면 전환 금액의 10%인 300만 원까지 추가하여 최대 198만 원까지 환급받을 수 있다.

(✕) 곱하기

적극적으로 수익률을 관리한다. 연금 계좌는 가입 기간이 10년 이상 긴 장기상품이기 때문에 1%의 수익률 차이가 복리 효과로 인해 실제 연금액에 큰 영향을 미친다. 은퇴자산은 안전하게만 운용해야 한다는 선입견에서 벗어나 ETF 같은 금융투자 상품을 활용해 적극적인 수익률 관리를 한다.

(÷) 나누기

은퇴 전 연금 수령 설계를 해본다. 막연하게 연금을 적립만 하기보다 자신이 가입한 연금을 언제부터 어느 정도로 받을 수 있는지 미리 구체적인 계획을 세워 보는 것이 필요하다. 연금 계좌에서 받는 연금은 가능한 한 오랜 기간에 걸쳐 나누어 받는 것이 유리하며, 나이가 많아질수록 연금 소득세율이 5.5%에서 70세 이후 4.4%, 80세 이후 3.3%로 계속 줄어든다.

연금 부자가 될 수 있겠다는 막연한 자신감은 실행할 수 있는 목표들과 함께 점점 구체화 되고 있다. 이제껏 연금저축 1억을 모으는 것이 목표였지만 이제 곧 3억, 5억을 향해 나아갈 것이다. 이전과 다른 점이 있다면 5억이든 10억이든 지금처럼 해나가면 언젠가 달성할 것이라는 확실한 자신감이 든다는 것이다. 이걸 30대에 알았다면 얼마나 좋았을까 싶지만, 지금이라도 알게 되어 다행이라고 생각한다.

누구나 연금 부자가 될 수 있다. 시간이 주는 선물을 믿고 공부하며 희망을 품고 즐거운 마음으로 주식을 모아가면 된다. 막연하게 노후를 두려워하지 말자. 준비하면 된다.

슬기로운 월급쟁이 투자생활

"김 팀장, 김 팀장은 왜 해외로 휴가를 안 가나요? 동남아가 제주도보다 비싼 것도 아닌데?"

어느 날, 직장 동료가 나에게 휴가를 왜 해외로 가지 않느냐는 질문을 했다. 나는 이런 질문을 하는 사람의 뇌 구조가 솔직히 궁금하다. 이런 질문을 왜 하는 걸까, 도대체 무슨 의도인지 생각할수록 아이러니하다.

질문을 듣는 순간 가장 먼저 들었던 생각은 '왜 휴가를 동남아로 가야 하는데?'였다. 본인은 동남아가 좋아서 매년 동남아에 갈지언정, 모든 사람이 다 동남아로 여행을 갈 이유는 없다. 나 역시 휴가를 굳이 동남아로 가고 싶은 마음은 없었다.

주위를 보면 본인의 소비를 과시하고 남에게 소비를 조장하는 사람들이 있다. 그런 사람들에게 휩쓸리다 보면 나도 모르게 덩달아 불필요한 소비를 하게 된다. 나 역시 그런 사람 중의 한 명이었다.

내가 설령 동남아에 가기 싫어서 가지 않는다 하더라도 저런 질문을 받으면 내가 돈이 없어서 못 가는 사람처럼 보일까 봐 순간적으로 나 자신을 방어하게 된다. 심지어 조금 무리해서라도 보란 듯이 해외여행을 가기도 한다. 당연히 전혀 그럴 필요도 없고, 그래서도 안되지만 말이다.

남에게 저런 질문을 하는 사람들의 심리는 의외로 단순하다. 저 질문 그대로 진짜 내가 왜 해외로 휴가를 안 가는지가 궁금한 것이 아니라 본인이 매년 해외로 휴가 간다는 걸 다시 한번 과시하고 싶은 것이다.

그래서 저런 부류의 사람과 부자처럼 보이기 위한 불필요한 신경전을 할 필요 없이 그냥 그 사람을 인정해 주면 된다. 그래, 너 잘났다. 너는 매년 동남아로 휴가 가서 좋겠다. 나는 돈이 없어서 동남아로 휴가 못 간다. 됐냐?

이렇게 상대를 인정해버리면 그 순간 나는 자유로워진다. 돈 없는 사람처럼 보일까 봐 불필요한 소비를 할 필요도 없고, 쓸데없는 신경전에 시간과 에너지를 낭비할 필요도 없다. 그런 불필요한 곳에 낭비할 돈과 시간과 에너지를 모아서 나의 통장 잔고를 채우면 된다. 그냥 내 능력 범위에서 진짜 내가 하고 싶은 것들을 하면서 즐겁게 살아가면 된다.

얼마 전, 직원들과 다 같이 점심을 먹었다. 나는 특별한 사유 없이 웬만하면 직원들과 점심을 잘 안 먹는다. 처음부터 그랬던 건 아니었는데 어느 날 아차 싶은 순간이 있었다. 내가 점심시간을 자기 계발 시간으로 활용하기 때문인 것도 있지만, 그 이전에 나보다 어린 직원들과 밥을 먹으며 나 혼자 신나게 떠들어대는 내 모습을 인지하게 되면서였다.

작은 조직에서 일을 하다 보니 매일 같은 직원들과 밥을 먹게 된다. 나는 나름 권위적이지 않고 직원들을 평등하게 대하기 때문에 직원들도 나를 편하게 대한다고 생각했다. 물론 나만의 착각이었다. 어느 날 보니 나 혼자 신나게 떠들고 있었고 직원들은 내 말을 선뜻 끊을 수 없으니 적당한 리액션을 하며 내 얘기를 묵묵히 듣고 있었다. 그걸 인지하는 순간 적잖은 충격을 받았는데, 그 이유는 내가 윗사람과 대화할 때 너무 싫었던 양방향 대화가 아닌 일방적인 대화를 하고 있었기 때문이었다.

그걸 인지하면서 일방적인 대화를 하지 않으려고 해도 자꾸 나 혼자 얘기하는 상황이 발생하게 되고 심지어 나 자신도 놀랄 꼰대 발언을 하기까지 했다. 그날도 그런 날이었다.

평소 욜로의 삶을 과시하듯 얘기하는 직원이 있었다. 삼십 대 후반에 미혼이었는데 본인의 삶을 즐기는 게 우선순위인 듯 보였다. 월급을 받아 입고 먹고 취미생활 하는 데 급여의 대부분을 쓰고 주기적으로 본인을 위한 적당한 플렉스를 하면서 여유 있는 생활을 하는 듯했다.

사적인 자리에서 대화를 해보니 이대로 살다가 50살이 되면 그때부터 노후를 준비할 거란다. 결혼할 생각도 딱히 없고 본인은 현재의 삶을 즐기는 게 중요하기 때문에 하고 싶은 걸 참고 싶지 않다고 했다. 정말 안타까웠다. 그러면 안 된다는 말이 목구멍까지 차올랐지만, 그러냐며 어색한 웃음과 함께 고개를 끄덕이는 것으로 대화를 마무리했다.

그런데 안타까웠던 그 마음이 내 안에 계속 머물러 있었던 걸까. 직원들과 다 같이 점심을 먹던 그날, 그 직원의 말이 유독 귀에 계속 거슬렸다. 적당히 플렉스 하며 현재의 삶을 즐기는 욜로의 삶을 한껏 과시하고 있었다. 그 순간 나도 모르게 그 직원을 향해 말했다.

"정 대리, 그게 무슨 소리야. 욜로라는 건 미래를 포기하는 거잖아. 이제 어린 나이도 아닌데 본인의 노후도 생각해야지."

말이 끝나는 순간 '아뿔싸, 내가 미쳤구나'라는 생각이 들었다. 나도 모르는 사이에 내 입이 내 속마음을 밖으로 끄집어내고 말았다. 순간 어색한 정적이 흘렀다. 나는 바로 수습에 나섰다.

"아 미안, 내가 뭐라는 거야. 정 대리의 인생은 정 대리가 원하는 대로 사는 거지 내가 무슨 상관이겠어. 내 말 신경 쓰지 마요."

내가 수습하지 않아도 어차피 그는 내 말을 신경 쓰지 않는다. 주위에서 뭐라고 얘기한들 그걸 듣고 삶의 태도를 바꾸는 사람은 거의 없다. 물론 주위에서 하는 얘기들이 다 옳은 것도 아니다. 남을 향한 안타까운 마음은 그냥 내 안에 남겨두면 된다. 상대가 나보다 어린 사람이라면 더군다나 섣불리 말하면 안 된다. 안타까운 말을 입 밖에 내뱉는 순간, 바로 그 순간이 내가 '꼰대'가 되는 순간이기 때문이다.

그래도 최근에 잘한 일이 한 가지 있다면, 주식으로 수익 본 이야기를 떠벌리지 않았다는 것이다. 부동산이나 주식으로 돈 좀 벌었다고 몇 날 며칠을 떠벌리는 사람들이 그렇게 꼴 보기 싫더구먼, 나 역시 최근 테슬라로 수익을 좀 실현했더니 입이 간질거렸다. 뭐라도 해야 간질거리는 입을 막을 수 있을 것 같아서 직원들에게 커피를 샀다. 왜 갑자기 커피를 사냐고 묻는 직원들에게 이렇게 말했다.

"오늘따라 하늘이 맑아서 그런지 기분이 좋네."

사회생활을 22년 동안 하면서 깨달았다. 남과 비교하지 않고, 묵묵히 내 할 일을 하면서, 꾸준히 나만의 방식으로 투자하며, 노후를 준비하는 것이 직장생활을 슬기롭게 하는 방법이라는 것을 말이다. 부자처럼 보이려 불필요한 신경전 하지 말고, 남의 삶에 이래라저래라 꼰대 발언하지 말고, 입으로 자랑하는 대신 조용히 커피 한 잔 사는 것, 이거면 된다.

앞으로 남은 직장생활도 슬기롭게 잘 대처하며 현명하게 투자해 보자. 파이팅이다.

200
직장인 연금저축으로 1억 모으기

앞으로 남은 직장생활도 슬기롭게 잘 대처하며 현명하게 투자해 보자. 파이팅이다.

1억부터가 진짜 시작이다

'통장에 1억이 있는 사람은 도대체 어떤 사람일까? 진짜 좋겠다.'

비대면으로 계좌를 개설할 수 없었던 15년 전쯤 CMA 계좌를 개설하기 위해 처음으로 은행이 아닌 증권사를 방문했다. 은행처럼 업무 창구가 별도로 없던 증권사에서는 계좌를 개설하려면 증권사 직원의 업무 책상에서 처리해야 했다.

담당 컨설턴트가 배정되었고 어리둥절한 상태로 안내되는 대로 따라갔다. 직원들이 일하고 있는 사무공간에서 계좌를 개설한다는 게 좀 의아했었다.

마침 컨설턴트분이 여유가 있던 시간이었는지 계좌를 개설하면서 본인의 업무에 대해 이런저런 얘기를 해주었다. 실제로 본인이 관리하는 고객 계좌를 보여주면서 주식을 사고파는 업무에 관해 설명해 주기도 했다. 1억 정도만 있어도 의미 있는 수익을 낼 수 있다면서 1억이 넘게 들어 있는 계좌 잔액을 보여주었다.

나는 태어나서 현금 1억이 넘게 들어있는 계좌 잔액을 그때 실제로 처음 보았다. 그 당시 1억이라는 돈이 얼마나 큰 돈으로 보였는지 그 계좌의 주인이 다른 세상 사람처럼 느껴졌다. 내가 감히 1억을 모으겠다는 생각은 하지도 못했다.

1억이라는 돈은 참 재밌다는 생각이 든다. 우리 아빠가 결혼하던 무렵에도 1억을 모으는 게 목표였다는데, 50년이 지난 지금도 여전히 1억을 모으는 게 목표인 사람이 많으니 말이다.

그때와 지금의 물가를 비교해 보면 요즘 세상에 1억 정도는 쉽게 모아야 하는 게 아니냐고 생각할 정도로 화폐의 가치는 절하되었지만, 여전히 많은 사람이 돈을 모으기 위해 잡는 목표는 1억이다.

평범한 직장인이 1억을 모으는 것은 50년이 지난 지금도 여전히 힘들다. 이걸 깨닫기 위해서는 실제로 1억을 모아 보면 된다. 그렇다면 1억 모으기가 이렇게 힘든데, 사람들은 굳이 왜 1억 모으기를 목표로 삼는 걸까?

머니트레이닝랩 김경필 대표의 말을 빌리자면, '1억 원은 항공기가 비행하기 위해 올라가야 하는 최소한의 고도'라고 보면 된다. 1억 원이 있어야 노동에서 나오는 소득뿐만 아니라 자본에서 나오는 소득도 확보할 수 있기 때문이다. 즉, 자본가로 진입할 수 있는 최소한의 돈이 1억이라는 것이다.

여기서 1억이라는 단순한 금액이 주는 가치 외에 중요한 것이 있다면, 돈을 모으기 위한 습관과 노력이다. 1억을 모았다는 것은 소비하고 싶은 유혹을 참고 절약했다는 것이고, 절약한 것을 저축했다는 의미이다. 이걸 반복하면서 절약하는 생활이 습관으로 자리 잡는다.

1억에서 나오는 자본 소득과 1억을 모으기까지 쌓아온

절약하는 생활 습관이 합쳐지면, 1억을 모으기까지의 시간보다 훨씬 빨리 2억, 3억을 모을 수 있게 된다. 1억 모으기가 여전히 많은 사람의 목표인 이유가 여기에 있는 것이다.

나 역시 종잣돈 1억을 모으고 싶었다. 1억이 있으면 얼마나 좋을까, 1억을 모으면 3억을 모으기가 쉽다는데…. 아무리 아등바등 살아도 현실의 삶은 녹록지 않았다. 아무리 열심히 살아도 아이 둘을 키우는 워킹맘으로 한 달을 살아내는 것조차 빠듯했다.

연말정산 세액공제를 받기 위해 IRP 계좌를 개설했다. 55세까지 돈을 찾지 못한다는 조건이 가입 자체를 망설이게 하기도 하지만, 그 조건 덕에 강제로 장기 저축을 할 수 있었다. 어차피 55세 이후에 찾아야 하니까 그때까지 운용할 상품에 가입했다. 연금저축과 ISA까지 더해지면서 돈이 불어나는 속도는 급격하게 빨라졌다.

나라에서 주는 세제 혜택에 대해 정확히 이해하고 활용하는 것이 기본이었다. 거기에 꾸준히 공부하고 실행하면서 잃지 않는 투자를 하다 보니 돈을 모으고 불리는 게 재밌어졌다. 돈을 모으고 불리는 재미는 돈을 소비하면서 얻

는 재미보다 훨씬 짜릿했다. 그래서 점점 더 소비를 줄이
고 저축하게 됐다.

처음 IRP 계좌를 개설한 지 8년이라는 시간이 흘렀다.
연금저축계좌에 1억을 모아야겠다고 결심하고 본격적으로
한도를 채워나가기 시작한 지 4년 정도가 지났다. 연금제
도에 대한 아무런 지식도 없이 백지상태에서 많은 시행착
오를 겪으며 여기까지 왔다. 좀 더 잘 알았다면 더 빨리 더
많은 수익을 낼 수 있었겠다는 생각에 아쉬움이 남는다.
이런 아쉬움이 지난 8년간 내가 경험한 이야기를 글로 쓰
게 된 계기가 되었다.

이 글을 쓰던 2024년 12월, 나의 연금저축+IRP 계좌의
평가액은 98,984,740원이었다. 생각 같아서는 2024년이
가기 전에 나머지도 마저 채워서 1억을 만들고 싶었다. 하
지만 내가 돈을 불입하고 싶어도 2024년의 납부 한도는
이미 끝났기 때문에 더 이상 돈을 불입할 수가 없었다. 과
거에 1,800만 원 한도를 채우지 못했어도 이 한도가 다음
연도로 이월되는 게 아니기 때문이다. 이게 바로 매년 한
푼이라도 더 나라에서 정해 놓은 납입한도를 채워야 하는
중요한 이유다.

솔직히 50을 바라보는 나이에 고작 연금 1억을 모아간다는 얘기를 자랑거리처럼 글까지 써가면서 할 얘기인가 싶어 한편으로는 부끄럽고 민망하다. 그럼에도 이런 글을 쓰는 이유는 누군가는 나보다 더 빨리 덜 시행착오를 겪으며 풍족한 노후 준비를 할 수 있기를 바라기 때문이다.

이 책이 나오기까지 많은 분의 도움이 있었다. 먼저 이 책을 알아봐 주신 도서출판 푸른향기 한효정 대표님과 글을 다듬어주신 안수경 에디터님께 감사한 마음을 전한다. 그리고 늘 곁에서 하고 싶은 일을 하게끔 딸을 지지해 주시는 사랑하는 부모님 용조, 균영과 항상 든든한 지원군이 되어주는 나의 동생 민경, 희중에게 감사한다. 언제나 나의 편에서 내가 하는 도전을 온전히 응원해 주는 남편 성호에게 감사한다. 묵묵하고 성실하게 자기 일을 해내고 있는 멋진 두 아들 진수와 민수, 그리고 예쁜 조카 채윤에게 고맙다는 말을 전한다. 마지막으로, 금융문맹이라는 단단한 알을 깨고 세상 밖으로 나올 수 있도록 나를 인도해준 지후맘님과 존리의 부자학교 존리 대표님께 감사함을 전하고 싶다.

이 책을 덮는 순간 독자들이 미래에 대한 막연한 불안감을 내려놓고, 노후 준비를 하기 위한 여정을 시작할 수 있기를 바란다.

감사와 사랑을 담아,
미즈쑤

직장인
연금저축으로
1억 모으기

초판1쇄 2025년 3월 31일 **지은이** 미즈쑤 **펴낸이** 한효정 **편집교정** 안수경 **기획** 박화목 **디자인** purple **일러스트** Freepik **마케팅** 안수경 **펴낸곳** 도서출판 푸른향기 **출판등록** 2004년 9월 16일 제 320-2004-54호 **주소** 서울 영등포구 선유로 43가길 24 104-1002 (07210) **이메일** prunbook@ naver.com **전화번호** 02-2671-5663 **팩스** 02-2671-5662
홈페이지 prunbook.com | facebook.com/prunbook | instagram.com/prunbook

ISBN 978-89-6782-234-7 03320
© 미즈쑤, 2025, Printed in Korea

*책값은 뒤표지에 있습니다.

이 도서의 국립중앙도서관 출판예정도서목록(CIP)은 서지정보유통지원시스템 홈페이지(http://seoji. nl.go.kr)와 국가자료공동목록시스템(http://www.nl.go.kr/kolisnet)에서 이용하실 수 있습니다.